Economica Laterza
729

Giuseppe Culicchia

E così vorresti fare lo scrittore

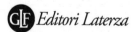 Editori Laterza

© 2013, Gius. Laterza & Figli

www.laterza.it

Edizioni precedenti:
«i Robinson / Letture» 2013

Nella «Economica Laterza»
Prima edizione aprile 2015

				Edizione	
1	2	3	4	5	6
					Anno
2015	2016	2017	2018	2019	2020

Proprietà letteraria riservata
Gius. Laterza & Figli Spa, Roma-Bari

Questo libro è stampato
su carta amica delle foreste

Stampato da
SEDIT - Bari (Italy)
per conto della
Gius. Laterza & Figli Spa
ISBN 978-88-581-1933-4

a BFF

Come scrittore con vent'anni di esperienza profes-
sionale ho incontrato ogni genere di persona. Quelli
che dicono di saperne di più sulla scrittura sono proprio quelli che non sanno scrivere. Meno fai caso a
loro e meglio è. Così ho inventato tre leggi per scrivere a mio proprio uso, che sono assolute. Non seguire
mai i consigli. Non mostrare mai il lavoro svolto né
discuterne. Non rispondere mai a un critico.

Raymond Chandler
(in una lettera dell'aprile 1954)

In questi mesi passati in giro per il mondo a promuovere *Imperial Bedrooms* mi sono trovato a dover fre-
quentare alcuni festival letterari, cosa che avevo sempre cercato di evitare. Questo però mi ha permesso
di capire perché ho sentito il bisogno di lasciare New
York per trasferirmi a Los Angeles: gli scrittori sono
insopportabili. Sembrano tutti dei pavoni.

Bret Easton Ellis
(intervistato dal *manifesto* nell'ottobre 2010)

Lui la baciò mentre la luna della California meridio-
nale filtrava attraverso le tende della California me-
ridionale. Era Joe Mayer, scrittore.
Non ne poteva più.

Charles Bukowski
(*Una giornata lavorativa*, in *Musica per organi caldi*)

Indice

Solito Stronzo

Venerato Maestro

E così vorresti fare lo scrittore

Ringraziamenti

Grazie a Pier Vittorio, Walter, Ada, Francesco, Elisabetta, Nuzzo. E a Gabriella. E a Francesca, Valentina, Caterina, Aldo, Marilena. E a Gianandrea e Luciano. Grazie a Pepe. E a Fabrizio e Graziano. E a Totò. E a Federico e Francesco e Barbara (dtps).

Premessa

Ho lavorato una decina d'anni in mezzo ai libri, prima in una biblioteca a Londra e poi in un paio di librerie a Torino. E da parte mia, mentre mi aggiravo tra scaffali e banconi da cui mi guardavano ora severi ora ironici Omero e Dante, Shakespeare e Cervantes, Goethe e Flaubert, Dickens e Dostoevskij, ho sempre pensato che, al di là delle teorie dei critici e delle mode letterarie e delle strategie editoriali e delle campagne pubblicitarie e delle tecniche autopromozionali e del paraculismo elevato a stile di vita e scienza esatta, nonché delle cerimonie di premiazione non solo per lo Strega o il Campiello o il Bancarella o il Nonino ma anche per il Pulitzer o perfino per il Nobel, l'unico vero metro di giudizio in Letteratura fosse il Tempo. E che di conseguenza gli scrittori, quelli veri, fossero in linea di massima tutti morti da un pezzo. Nel senso che uno è uno scrittore solo ed esclusivamente se è capace di scrivere libri che sappiano durare, non lo spazio di un'estate o sei mesi in testa alle classifiche, ma decenni, nemmeno, secoli. E mi sono sempre detto che perciò, nella maggior parte dei casi, chi scrive dovrebbe lasciare questo mondo con una serie di dubbi, rovelli, interrogativi anche feroci, al di là delle copie vendute e delle recensioni ottenute e dei passaggi in tivù, intervista da Fazio a *Che tempo che fa* compresa. Dubbi e rovelli e interrogativi della serie: ma sarò stato davvero uno scrittore? Ma qualcuno leggerà ancora qualcosa di mio fra dieci, cento, mille anni? Ma i miei libri, o anche solo uno tra quelli che ho scritto, sapranno ancora dire qualcosa ai lettori che verranno? Continueranno a essere pubblicati? Finiranno nelle collane dedicate ai classici, ancorché minori? E i miei eredi si lagneranno un giorno a tavola a causa della scadenza dei diritti d'autore?

Sono queste le domande che chiunque scriva dovrebbe porsi in punto di morte, sempre che non abbia qualcosa di più importante a cui pensare. Perché tranne rarissime eccezioni, vedi Knut Hamsun o Ernst Jünger, deceduti quando ormai erano ultra-centenari, in genere gli scrittori non campano così a lungo da vedere con i propri occhi se e quanto durino i propri libri. E dato che la storia della mia famiglia non comprende nessun avo dalle cento e passa primavere, sono consapevole che per quanto mi riguarda me ne andrò da questo mondo con molti, molti, moltissimi dubbi. Tu che stai leggendo queste mie righe sappi, dunque, che nel presente libro userò la parola "scrittore", almeno quando riferita a me, per pura e semplice convenzione, perché si sa che l'Italia pullula di scrittori, e chiunque abbia pubblicato non dico un romanzo o un racconto ma giusto una raccolta di poesie o anche solo una singola poesia si ritiene automaticamente tale. Anzi, di più: perché tra le Alpi e il Lilibeo esistono innumerevoli scrittori convinti di essere tali benché siano inediti, e questo nonostante in Italia da alcuni lustri si pubblichi ormai praticamente tutto. Al limite estremo, facendo ricorso a un editore (?) a pagamento, o alla tipografia sotto casa, che poi in pratica è la stessa cosa, oppure al cosiddetto *self-publishing*. Di modo che, come mi ha detto una volta il mio primo editore, niente resterà impubblicato.

Ad ogni modo, è andata più o meno così. Da parte mia ho cominciato a scrivere perché amavo moltissimo, ma proprio tanto tanto tanto leggere. No, meglio. Leggere e ascoltare. Leggere e ascoltare storie. Alcune di quelle storie mi piacevano tanto che nonostante le avesse scritte qualcun altro avrei voluto scriverle di nuovo io. Altre, invece, avrei voluto scriverle dopo averle ascoltate, innanzitutto per non scordarmele. Non dimenticherò mai la gioia con cui nei giorni d'estate mi tuffavo nel Mississippi insieme con Huckleberry Finn, e l'emozione di imbattermi in Long John Silver, e la voglia di fare baldoria con Athos, Porthos e Aramis. Mi addormentavo con un libro tra le mani e la mattina dopo riprendevo a leggerlo facendo colazione. Assecondato, alcuni decenni prima che qualcuno si inventasse quella cosa meritoria che è Nati per Leggere, dai miei genitori.

Mio padre, che di mestiere faceva il barbiere e che oltre a maneggiare forbici e rasoi doveva anche intrattenere i clienti in paziente attesa del loro turno sotto il ticchettio delle forbici o il ronzio della macchinetta, era un gran chiacchierone e adorava raccontare storie. E lo faceva non solo durante le lunghe ore passate in piedi nel suo salone ma anche a tavola, rievocando la sua infanzia e adolescenza nella Sicilia degli anni Venti, Trenta e Quaranta del Novecento. È da lui, e anche da mia madre, che certo non aveva la stessa *verve* ma a cui comunque piaceva raccontare storie della sua infanzia e adolescenza in Piemonte negli anni Trenta, Quaranta e Cinquanta del medesimo secolo, che ho imparato ad ascoltare. Devo a loro anche il mio amore per la lettura, perché entrambi erano convinti che non ci fossero soldi meglio spesi di quelli investiti in libri, a cominciare dai classici della narrativa per ragazzi e dall'*Enciclopedia Conoscere*, di modo che nella piccola casa in cui vivevamo di libri ce n'erano davvero dappertutto, e loro non facevano una piega se io ne chiedevo un altro, e poi un altro, e poi un altro ancora.

Sia come sia: c'è stato un momento preciso in cui ho desiderato di "fare lo scrittore". Me lo ricordo benissimo. Una mattina d'estate, era il 1977 e avevo dodici anni, finii di leggere un romanzo iniziato il giorno prima e intitolato *Fiesta*. "Non è bello pensare così?", diceva l'ultima frase nella traduzione di Ettore Capriolo. Non so spiegare l'emozione che provai, leggendo quelle parole. In quella frase, in quel romanzo, c'era tutto. Il dolore e la gioia. La vita e la morte.

Scrivere, dovevo assolutamente mettermi a scrivere. Non c'era niente di meglio al mondo. Anche perché io una storia da scrivere ce l'avevo, anche se non sapevo come. Perciò cominciai a scrivere proprio quella storia. Ma era una storia troppo difficile, per un ragazzino. E presto mi resi conto che se volevo avere qualche speranza di scriverla davvero, un giorno, avrei dovuto imparare a farlo. E l'unico modo per imparare forse era provare a scrivere altre storie, apparentemente più semplici, anche se all'inizio non c'è nulla di semplice. Magari ispirate ad alcune tra quelle che mi piaceva leggere e ascoltare. Solo che, anche se ero bravo con i temi in classe, non ero capace di scrivere storie.

Neppure le storie più semplici, e nemmeno ispirandomi a quelle che avevo letto o ascoltato.

Scrissi per dieci anni, più o meno, senza riuscire a mettere giù niente che avesse un inizio, uno svolgimento e una fine, come mi avevano insegnato per i temi in classe. Un giorno, frequentavo già Lettere all'università in base alla convinzione che mi sarebbe servito per imparare a scrivere, presto smentita dalla constatazione che non si scriveva nulla se non la tesi di laurea a cinque anni o più dall'ultimo tema in classe alle superiori, una persona a me molto cara morì e smisi di scrivere. Ma non c'era solo il dolore. C'erano la fatica e la mancanza di fiducia e la frustrazione. Perché continuare a provarci, visto che non ne veniva fuori niente di leggibile? Tuttavia, continuavo a leggere. Leggere era ancora motivo di grande piacere. E le storie che leggevo continuavano a sfidarmi. Perché da qualche parte dentro di me desideravo sempre scrivere quella prima storia, troppo complicata per un ragazzino. E più leggevo più mi dicevo: deve esserci un modo, devo riuscirci. Così, poco tempo dopo, ricominciai. Risultato: eccomi qua.

Quando ricominciai, non sapevo che la prima cosa che uno si sente dire, quando mette piede nel dorato mondo delle Lettere, è una frase destinata a diventargli familiare: "In Italia sono più quelli che scrivono che quelli che leggono". La frase forse è inelegante, con quei tre "che" uno in fila all'altro. Però ricorre nelle conversazioni tra i famosi addetti ai lavori, siano essi editori o scrittori, o editor o correttori di bozze. Per tacere dei librai. E se per caso hai deciso di leggere questo libro, probabilmente è perché anche tu almeno un romanzo lo hai già scritto, o comunque hai intenzione di scriverlo. Può darsi che tu abbia già letto manuali di scrittura o magari frequentato corsi oppure scuole di scrittura. Bene, il volume che tieni in mano non è un manuale di scrittura. Io ne ho letto soltanto uno, *Il mestiere dello scrittore* di John Gardner, Marietti, e l'ho trovato utile, ma mai tanto utile quanto prendere un racconto di Hemingway intitolato *Colline come elefanti bianchi*, che è un racconto assolutamente perfetto, e provare per anni a riscriverlo cambiando ambientazione e/o personaggi, senza riuscirci mai e dunque passando da un fallimento all'altro, decine, centinaia di volte. Non sarei mai capace di scrivere un manuale di scrittura, io. E poi, visto il numero crescente di libri che si pubblicano in Italia, in realtà i manuali di scrittura non servono. Che senso ha procurarsene uno, in un paese dove tutti prima o poi pubblicano almeno un libro, perfino Giuseppe Culicchia? Posso però provare a raccontarti, sempre ammesso che ti interessi saperlo, che cosa ti aspetta una volta pubblicato il primo libro. Che cosa gira intorno al mestiere di scrittore. Può darsi che ti possa tornare utile, il giorno in cui sarai tentato/a di dire, alla tua prima intervista o presentazione in libreria, che l'ispirazione ti arriva direttamente dal Cielo. Perché c'è chi lo dice, e con l'aria di crederci sul serio.

In ogni caso, stando alla celeberrima e assai efficace tripartizione arbasiniana, se e quando pubblicherai la tua prima opera verrai iscritto d'ufficio al club Brillante Promessa. Dalla seconda opera in avanti, invece, ti ritroverai incasellato alla voce Solito Stronzo. Finché, in età ormai avanzata, ti verrà riconosciuto il titolo di Venerato Maestro. Qualora tu abbia davvero intenzione di dare alle stampe il tuo primo romanzo, o la tua prima raccolta di racconti, o anche solo il tuo primo racconto, o appena la tua prima poesia, sappi dunque che se poi continuerai a pubblicare per la maggior parte della tua esistenza apparterrai inevitabilmente alla seconda delle tre categorie di cui sopra. Proprio come me: Brillante Promessa quando uscì *Tutti giù per terra*, nell'ormai lontano 1994, e Solito Stronzo da lì in poi. Quanto al Venerato Maestro, è come la pensione: non so se ci arriverò mai, e francamente ne dubito.

Ad ogni modo. Dato che malgrado non mi riuscisse di scrivere storie continuavano a piacermi le storie e dunque i libri, pensai che per mantenermi la cosa migliore sarebbe stata trovare un lavoro che avesse a che fare con le storie e dunque con i libri. Ma non avevo davvero alcun aggancio con il favoloso o forse meglio favoleggiato mondo dell'editoria, e dopo una breve ma felice esperienza in un'improbabile biblioteca latino-americana a Londra mi trovai a fare i conti col fatto che non sarebbe stato semplice trovare un impiego simile in Italia senza una laurea in biblioteconomia o simili. Perciò mi dissi che forse potevo cercare di fare almeno il commesso in una libreria. Tra l'altro, pensai, con un lavoro simile avrei senz'altro trovato il tempo di leggere un mucchio di libri. È un errore che fanno in tanti. Non leggere un mucchio di libri, ma pensare di poterlo fare lavorando in una libreria. Sta di fatto che mi presentai in una libreria di Torino che aveva appena aperto i battenti e che oggi non esiste più, perché nel frattempo è diventata un Apple Store. Dopo un primo colloquio e una settimana di prova, sostenni un secondo colloquio, ma questa volta a Milano, perché la libreria era del Gruppo Editoriale Fabbri, Bompiani, Sonzogno, Etas. Superato il secondo colloquio mi toccò un secondo periodo di prova, lungo un mese. Infine, studiati a memoria i cataloghi Einaudi e Rizzoli e Mondadori e Sellerio e, venni assunto con uno dei primi contratti di formazione e lavoro. Era il 1989, e avevo ventiquattro anni. Così, quando nel 1990 Pier Vittorio Tondelli pubblicò cinque mie storie in *Papergang*, l'ultima delle sue antologie Under 25, facevo già il commesso in quella libreria. E facevo ancora il commesso nella stessa libreria quando uscì il mio primo romanzo.

Brillante Promessa

Gli esordi

Esordire è un po' morire. Mi spiego. Per quanto mi riguarda, ho sempre pensato di scrivere innanzitutto per me stesso: dopotutto io sono il mio primo lettore, e se mi metto a scrivere una certa storia è perché vorrei poterla leggere. È, prima di ogni altra cosa, questo desiderio, o meglio questo bisogno, che rende un libro necessario. Poi, certo, se un libro viene pubblicato dovrebbe risultare necessario anche a qualcun altro. La domanda sorge spontanea: in questo caso sto scrivendo un libro necessario? Non posso rispondere in nome e per conto tuo e degli altri eventuali lettori. Ma per me, sì. Se quando ancora adolescente scrivevo nella mia cameretta, e più tardi quando uscì *Tutti giù per terra* avessi avuto un'idea un po' meno fantasiosa di ciò che implicava il mestiere di scrittore, forse mi sarei attrezzato meglio, e di certo mi sarei fatto parecchie illusioni in meno sul dorato mondo delle Lettere: in effetti, quando il mio primo romanzo arrivò nella libreria dove lavoravo, e con le mie mani lo estrassi dagli scatoloni appena scaricati dal corriere, ero piuttosto emozionato. E non mi accorsi che a due passi da me, da uno scaffale dedicato ai classici contemporanei, Ennio Flaiano mi guardava... con un sorriso un po' beffardo. Comunque.

Esordire è un po' morire, dicevo. Fino a quando resti inedito, proprio in quanto inedito godi in realtà di un grande privilegio, che poi, una volta raggiunto il traguardo va da sé agognato della pubblicazione, non avrai mai più. Il privilegio di scrivere per così dire nel vuoto. Tranne te stesso, e in seguito magari pochi amici o familiari, nessuno ti ha ancora letto. E neppure criticato. La cosa sicuramente ha un che di frustrante, perché a un certo punto vuoi confrontarti con i lettori, capire se quello che hai scritto funziona oppure no, e dunque desideri trovarti un editore. E però c'è anche un aspetto positivo. In quanto inedito, puoi permetterti il lusso di scrivere con innocenza. Un'innocenza che sei destinato a perdere con la pubblicazione. Perché una volta che sarai pubblicato, cambierà tutto. La tua opera prima infatti si staccherà da te, e come usa dire viaggerà per conto suo. Ma oltre a essa anche tu verrai esaminato, soppesato, giudicato, e di conseguenza etichettato per ciò che hai scritto. E quell'etichetta ti resterà appiccicata a lungo. Le etichette cambiano a seconda dei casi e delle stagioni, delle mode letterarie e degli umori degli etichettatori. Dai Romantici si è arrivati ai Nevro-romantici, dagli Scapigliati ai Cannibali, dai Minimalisti ai Cosmetici (esistono davvero, o almeno per un po' sono esistiti), magari passando per gli Intemperanti, e via di questo passo. Con ripetute scoperte dell'acqua calda, vedi il caso recente dell'autofiction, un fenomeno che si è guadagnato il riconoscimento di "nuovo filone letterario" sulle pagine culturali di quotidiani e settimanali e mensili e bimestrali cartacei e/o on-line anche parecchio seriosi, dove forse non si sono mai imbattuti in robe tipo *Verdi colline d'Africa* oppure *Le nevi del Kilimangiaro* di Ernest Hemingway e dove non devono aver mai sfogliato i libri di Thomas Bernhard o Charles Bukowski ma neppure quelli di Marcel Proust, per tacere in ogni caso della risposta ultima e definitiva di monsieur Gustave Flaubert, "Madame Bovary, c'est moi", che vale anche per James G. Ballard e perfino per Isaac Asimov, ma non solo. Resta esemplare, in questo senso, quanto detto qualche anno fa da Michael Cunningham, intervistato per *la Repubblica* da Antonio Monda in occasione dell'uscita di *Al limite della notte*:

Domanda: "Quanto è autobiografico il personaggio di Peter?"

Risposta: "Tutti i miei personaggi lo sono, anche la lucertola di *Giorni memorabili*".

Bravo, Michael. Così si fa.

E però c'è l'Ur-etichetta, e l'Ur-etichetta è quella dello Scrittore Giovane. Anzi, per essere più precisi, quella del Giovane Scrittore. Un tempo non si usava. Paul Verlaine, per dire, non si sarebbe mai sognato di presentare così in pubblico Arthur Rimbaud. Poi, però, ha esordito Andrea De Carlo. *Et après lui, le déluge*. Tanto che succede ancora oggi di sentir definire lo stesso De Carlo proprio come Giovane Scrittore, nonostante sia al mondo da più di mezzo secolo e abbia pubblicato decine di libri e procreato una figlia che per quanto ne so si è laureata da mo'. Ma Andrea De Carlo, Giovane Scrittore, sarà suo malgrado un Giovane Scrittore anche da nonno. E con lui tutti quelli che sono venuti dopo di lui. L'unico modo per sfuggire all'etichetta di Giovane Scrittore, ammesso che uno voglia farlo, credo consista nell'essere Andrea Camilleri, ovvero esordire o raggiungere la notorietà non prima di aver tagliato il traguardo degli ottant'anni, visto che oggi come oggi a quaranta ci si sente adolescenti e a cinquanta ci si comporta ancora come tali. Ma a dire il vero non ne sono del tutto sicuro, visto che ormai i vecchi sono spariti, nel senso che non li si può più chiamare così altrimenti si offendono a morte, e i diversamente giovani sui sessanta, settant'anni e oltre sono perfino riusciti malgrado la crisi economica mondiale a far coniare al *New York Times* il termine *Papy boomers*.

E insomma. Quando nel 1990 uscirono i miei primi cinque racconti nell'antologia *Papergang* Under 25 III curata da Pier Vittorio Tondelli (gliene avevo dati una decina quando l'avevo incontrato al Salone del Libro dell'anno precedente, dove avevo lavorato alla *reception* e stretto la mano a Fernanda Pivano, pensando che i suoi occhi avevano incrociato quelli di Hemingway), facevo il commesso in una libreria. E continuai a fare il commesso nella stessa libreria anche mentre, su suggerimento di Tondelli che mi aveva sconsigliato di continuare a scrivere racconti ("Le riviste letterarie non le legge nessuno, e gli editori prediligono i romanzi"), scrivevo la storia che poi sarebbe diventata *Tutti giù per terra*, ma che in un primo momento avevo intitolato *Venere di Milo*. E dato che la terminai dopo la morte di Tondelli, la mandai prima di tutto alla Transeuropa, la casa editrice di Ancona che aveva pubblicato i tre volumi della serie Under 25. Che però, nella persona di Massimo Canalini, me la rifiutò. Ricordo ancora la telefonata che gli feci da un telefono pubblico dell'università, e le sue parole: "No, il romanzo non funziona, è come una bocca che avrebbe bisogno di un dentista". Stop. Così, approfittando del fatto che grazie al mio lavoro conoscevo gli agenti di un mucchio di editori, chiesi loro la cortesia di far arrivare le fotocopie del mio dattiloscritto sulla scrivania dei rispettivi direttori editoriali. E di lì a qualche mese cominciai a ricevere le classiche lettere di rifiuto.

Gentile Signor Culicchia,
La ringraziamo molto per averci fatto pervenire il Suo roman-
zo, che abbiamo letto con grande attenzione.
Siamo spiacenti tuttavia di comunicarLe che non rientra nella
nostra linea editoriale. Con i più cordiali saluti.

Dal suo scaffale dedicato ai classici contemporanei, Ennio Flaiano allargava le braccia. Contrariamente a quanto avevo sperato, l'uscita di *Papergang* e la menzione del mio nome da parte di *Panorama* nell'unica recensione del volume che mi era capitato di leggere non mi aveva "spalancato le porte" dell'editoria italiana.

Dato che all'epoca scrivevo ancora prima a penna e poi a macchina, un pomeriggio entrai in una cartoleria e vidi un manifesto che reclamizzava il Premio Montblanc, istituito dall'omonima penna tedesca e destinato agli Under 40. Chi avesse avuto il famoso manoscritto nel cassetto veniva invitato a farlo pervenire alla giuria del concorso, formata da sette editori che di anno in anno si alternavano nella pubblicazione del vincitore. Presi il mio dattiloscritto, lo fotocopiai un'altra volta e lo mandai. Fu così che, vinto il premio nella primavera del 1993, l'anno dopo esordii con Garzanti: editore a cui non avevo mandato il dattiloscritto perché mi ero convinto di mio che non rientrasse nella sua linea editoriale, e mi sembrava inutile farmelo ribadire. Non a caso, *Tutti giù per terra* venne pubblicato dall'allora direttore editoriale Gianandrea Piccioli come primo titolo di una nuova collana in brossura. E poco prima dell'uscita del libro, Livio Garzanti vendette la casa editrice: una coincidenza certo casuale ma che allora trovai assai buffa. In ogni caso, fu così che constatai come in effetti si potesse anche arrivare a pubblicare senza la classica "raccomandazione". E fu così che quando infine uscì il romanzo, una mattina lo tirai fuori da quegli scatoloni. Dopodiché...

Buongiorno signora. Desidera signora? Arrivederci e grazie signora. Funzionava così. Niente di più. Nel frattempo però per quegli spiritosi dei miei colleghi ero diventato lo "scrittore". Il mio problema era che non vendevo polli o maglioni. Lavoravo in libreria. Vendevo libri. In un posto del genere poteva risultare imbarazzante sentirsi chiamare "scrittore". Soprattutto quando una delle suddette signore entrava con un cane e il cane sporcava.

"Scrittore!" sentivo urlare da quello alla cassa. "C'è da far sparire quella cosa dal pavimento, subito!"

Io a quel punto arrivavo con paletta e segatura. La gente alzava gli occhi dai libri e mi guardava. Scrittore? Per fortuna all'inizio nessuno sapeva che il nome sulla copertina era il mio. Ogni tanto qualcuno mi chiedeva un consiglio.

"Senta, ho letto da qualche parte che è uscito il romanzo di un certo Clonicchia, Topicchia..."

"Forse Culicchia?"

"Sì, lui. Come si intitola?"

"*Tutti giù per terra*".

"Lei lo ha letto?"

"Non proprio".

"Ma me lo consiglia?"

"Beh, dipende".

Magari in quel momento stavo mettendo a posto lo scaffale degli Adelphi.

"Certo ad esempio Melville è molto meglio".

"Allora mi dia quello".

Ma bastarono un paio di interviste con tanto di fotografia a quotidiani o settimanali e una breve apparizione in tivù.

"Ehi, sa che l'ho già vista da qualche parte?"

Era la stessa signora col cane di qualche giorno prima.

"Beh, sono cinque anni che viene qui col suo adorabile Yorkshire, signora".

Intanto notavo che come al solito il mini-quadrupede vagava inquieto per la libreria.

"Però io prima non l'avevo mai vista! Invece l'altra sera in televisione sì! Posso chiederle un autografo?"

Prendevo un pennarello e le firmavo la confezione formato famiglia di cibo per cani che le spuntava fuori dalla shopper Chanel. Sulla confezione notavo una scritta: CON IN PIÙ YOGURT ALLE PRUGNE E FIBRE VEGETALI. Che strano.

"Scrittore!"

Per un attimo avevo perso di vista la simpatica bestiolina.

"C'è da far sparire quella cosa dal pavimento! Subito!"

Dopo il passaggio in tivù, qualcuno il libro lo comprava anche. A volte il giorno successivo ritornava.

"Ehi, sa che ho letto il suo romanzo?"

Mi chiedevo se per caso non rivolesse indietro i soldi.

"Fino a che punto è autobiografico?"

"Beh, meno della metà. Piuttosto è il tentativo di scrivere una biografia generaz..."

Non facevo in tempo a finire la frase.

"Che pena! Lei è proprio tanto sfortunato! Ci fosse anche solo un terzo di autobiografia bisognerebbe compatirla comunque!"

Pensare che non gli avevo neanche risposto "Madame Bovary, c'est moi". Via uno ne arrivava un altro.

"Ehi, lei, sa che ho letto il suo romanzo?"

Mi limitavo a sorridere aspettando la prossima domanda. "Fino a che punto è autobiografico?"

"Beh, meno di un terzo. In effetti è il tentativo di scrivere una specie di biografia generaz..."

Non riuscivo a finire la frase.

"Che pena! Non ho mai conosciuto nessuno tanto sfortunato! Ci fosse anche soltanto un capitolo autobiografico bisognerebbe compatirla, mi creda".

Certi giorni cercavo di nascondermi in fondo alla libreria, dietro gli scaffali. Non c'era verso.

"Ehi, volevo dirle che ho letto il suo romanzo".

Abbozzavo la parvenza di un sorriso. Speravo in qualche curiosità tecnica, o in una domanda riguardante le mie letture.

"Dica la verità: fino a che punto è autobiografico?"

"Beh, appena un paio di pagine. Per il resto è in tutto e per tutto un'opera di fantasia. Semplicemente, ho tentato di scrivere una biografia gen..."

"Che pena! Che pena! E che sfortuna! Ci fosse anche solo UNA pagina autobiografica bisognerebbe compatirla senz'altro".

E dire che non avevo scritto la *Metamorfosi* di Kafka. Chissà se dicevano le stesse cose anche a lui. Ogni tanto chi non era ancora riuscito a farsi pubblicare veniva a chiedermi qualche suggerimento.

"Ehi, ho saputo che a uno come lei hanno accettato un libro... Senza offesa, oggi pubblicano proprio tutti".

"Già".

"Ma mi dica, chi glielo ha scritto?"

"Nessuno".

"Quanto ha pagato?"

"Niente".

"Ha dovuto vestirsi di gomma nera e riempire di staffilate qualcuno?"

"No".

"Si è prestato a venire staffilato".

"Neppure".

"E allora come ha fatto? Io sono vent'anni che riscrivo lo stesso romanzo e continuo a ricevere soltanto rifiuti".

"Provi a cambiare romanzo. Oppure provi a cambiare editore".

"Ma che editore e editore! Li conosco tutti di persona ormai, faccio il giro degli stand ad ogni Salone del Libro. Ne ho anche minacciati un paio fisicamente. Niente da fare".

"Qual è la trama del suo libro?"

"Una nonna che vola confida in una lettera i suoi poteri al nipotino. Spaventato il bambino muore. Lei vola da Johannesburg, dove abita, sino a Helsinki, dal nipotino. Lì se lo carica sulle spalle e sempre in volo torna in Sud Africa per seppellirlo".

"Effettivamente non capisco perché glielo abbiano rifiutato".

A un certo punto sono uscite alcune recensioni. Anche chi aveva soltanto sfogliato il libro ha potuto dirmi la sua.

"Ho letto che nel suo romanzo manca l'eroe positivo!"

"Credo di sì".

"Il suo protagonista non si impegna, non lotta, non va ai cortei come noi nel Sessantotto! Lei non dà nessun messaggio di speranza".

Guardavo il mio interlocutore. Il suo completo era Giorgio Armani. Camicia Gucci, cravatta Ferragamo, occhiali Oliver Peoples. Ai piedi un paio di Tod's.

"Ha ragione. Nessuna speranza".

Non mancava chi credeva di essere stato offeso da quello che avevo scritto.

"Ho letto che nel suo romanzo lei ce l'ha con i gay".

"No, è solo che mentre al protagonista piacerebbe tanto avere una ragazza, nel libro soltanto gli uomini si innamorano di lui. Quello degli omosessuali non è che un pretesto, fa parte del meccanis..."

"Eppure io ho letto che lei ce l'ha con i gay, e oltretutto deve a Tondelli la pubblicazione dei suoi primi racconti! Bella riconoscenza!"

"Scusi, ma lei ha letto anche il libro?"

"Non perdo certo il mio tempo con gli intolleranti, io!"

Non facevo in tempo a ribattere.

"Scrittore! C'è da far sparire quella cosa dal pavimento, subito!"

Così, seppure a malincuore, tre anni e tre romanzi dopo lasciai la libreria. Già, perché intanto ero diventato il Solito Stronzo, visto che erano usciti *Paso doble* e *Bla bla bla*, e avevo cominciato a collaborare con i quotidiani, prima con *il manifesto*, poi con *la Repubblica* e quindi con *La Stampa*, e avevo scoperto che il mestiere di scrittore era un po' più movimentato di quanto non avessi immaginato fino a poco prima. Uno scrittore non poteva limitarsi a scrivere quel che aveva da scrivere. Doveva anche girare in lungo e in largo prima l'Italia e poi magari l'Europa e nei casi più fortunati addirittura il mondo per presentare in pubblico ovvero promuovere quel che aveva scritto. Ma non solo. Perché poi c'era la parte di promozione che passava per le interviste in radio o alla tivù. E poi c'erano i festival di letteratura dove giustamente veniva invitato l'autore. E poi c'erano le colazioni e gli aperitivi con l'autore. E poi c'erano le merende e le cene con l'autore. E poi c'erano le scampagnate e i viaggi con l'autore. E poi c'erano i convegni e i dibattiti con l'autore. E poi c'erano i saloni del libro e i corsi di scrittura con l'autore. E poi c'erano le inaugurazioni e le premiazioni alla presenza dell'autore. E poi c'erano i reading in teatro o in biblioteca e le serate in piazza o in discoteca con l'autore. E poi c'erano i giri in tram e le okkupazioni scolastiche con l'autore. E poi c'erano gli incontri dei bambini e degli anziani con l'autore. E poi c'erano le mattinate in ospedale oppure in carcere con l'autore. E poi c'erano le passeggiate e le arrampicate con l'autore. E forse c'erano anche le nuotate e le immersioni con l'autore. E probabilmente c'erano anche il *rafting* e il *lifting* e il *bird watching* e il *bungee jumping* con l'autore.

Di modo che, esaurite le ferie e constatato che non riuscivo a tenere assieme le cose nemmeno con il part-time, un giorno mi decisi e lasciai il famoso posto fisso per avventurarmi in quella che dopotutto è la più antica forma di precariato. Nonché la più affollata.

Tirarsela

Ora, dato che in Italia sono più quelli che scrivono che quelli che leggono, e ci mancherebbe visto che oggi come oggi siamo tutti creativi e non a caso in Toscana dedicano proprio alla creatività l'immancabile festival e sempre alla creatività è stato intitolato l'ultimo Salone del Libro, immagino dietro suggerimento di un creativo, forse anche tu stai per pubblicare il primo romanzo. O la prima raccolta di racconti. O la prima raccolta di poesie. O anche solo il primo racconto. O magari appena la prima poesia. Stai per farlo con la casa editrice Einaudi, firmando un contratto? Benissimo. Stai per farlo con un editore a pagamento, firmando un assegno? Malissimo. In ogni caso sappi che d'ora in poi, sia in privato sia in pubblico, potrai tirartela. Anzi no, *dovrai* tirartela. Se già te la tiravi prima, meglio: significa che sei naturalmente predisposto alla carriera intellettuale. Se invece non sei tipo da tirartela, vuol dire che dovrai imparare a farlo. Per come funzionano le cose nel dorato mondo delle Lettere italiane, infatti, ben presto imparerai a tue spese che solo e soltanto tirandotela verrai preso sul serio da critica, stampa, pubblico e dai famosi addetti ai lavori. Non a caso, chi pur pubblicando qualcosa non se la tira suscita sempre una grande diffidenza. Viene per così dire preso sottogamba, quando non del tutto ignorato anche da testate specializzate che in teoria dovrebbero almeno accorgersi della sua esistenza, magari recensendo il suo decimo romanzo. Chi non se la tira a dovere, peritandosi di usare non solo sulla pagina ma anche in occasione di interventi e interviste parole magari inutili e che però necessitano della consultazione del dizionario, suscita inevitabilmente commenti del tipo:

1. Ma come, ora pubblicano anche uno così?

2. Ma come si fa a pubblicare uno così?

3. Beh, se hanno pubblicato uno così, non vedo perché non dovrebbero pubblicare anche me.

4. Vorrei capire perché a uno così lo pubblicano, e a me no.

5. Il fatto che abbiano pubblicato uno così è la cartina di tornasole della decadenza della società letteraria italiana.

6. Il fatto che abbiano pubblicato uno così è la cartina di tornasole della decadenza del sistema Italia.

7. Il fatto che abbiano pubblicato uno così è la cartina di tornasole della decadenza della civiltà occidentale.

8. Il fatto che abbiano pubblicato uno così è la cartina di tornasole della decadenza del genere umano.

9. Il fatto che abbiano pubblicato uno così è la prova che Dio non esiste.

10. Certo che oggi in Italia pubblicano proprio tutti.

Chi pubblicando qualcosa al contrario se la tira, non solo quando viene intervistato dai tiggì dopo aver vinto il Premio Strega o averlo perso per un voto ma anche mentre ordina un'insalata al ristorante, suscita immancabilmente un grande rispetto e una pari ammirazione, spesso accompagnati da una certa soggezione. E in genere provoca reazioni della serie:

1. E poi... scrive divinamente.

2. E poi... è così affascinante.

3. E poi... ha un gran carisma.

4. E poi... ha scritto tante di quelle frasi che a me piace sottolineare.

5. E poi... prima ha riscritto Omero, quindi ha rivisto Mozart, e infine dopo aver corretto Melville ha smontato Beethoven. Adesso, pare, dopo averci spiegato il mondo sta lavorando a un remix della Bibbia.

6. E poi... scrive editoriali lunghissimi occupandosi di pedofilia e globalizzazione e gite scolastiche e teatro molecolare e cinema quantistico e fisica coreana e meccanica napoletana e pizza sperimentale e arte della guerra e sindonologia comparata e.

7. E poi... ha detto che suo figlio di undici anni e Steve Jobs ragionano alla stessa maniera.

8. E poi... ha detto che anche se è tra i votanti del Premio Strega aveva comunque il diritto di votare se stesso al Premio Strega, e che se non ha vinto il Premio Strega per un solo voto, malgrado il suo voto, è solo perché il Premio Strega è in mano ai giochetti degli editori.

9. E poi... se n'è andato, così com'era venuto, senza salutare.

10. E poi... non ho capito bene che cosa volesse dire, ma avessi visto come lo diceva.

Per tirarsela come si deve basta aver scritto e se possibile pubblicato, meglio se non a pagamento, anche solo un romanzo, o una raccolta di racconti, o al limite un singolo racconto, o perfino una singola poesia. Riguardo alle vendite, che sono non di rado il primo pensiero di chiunque venga pubblicato, anche se di norma è più elegante assumere un atteggiamento di distacco riguardo all'argomento, è sufficiente attrezzarsi. Se si è venduto bene, benissimo: significa che finalmente anche il grande pubblico ha imparato ad apprezzare le opere di qualità. Se non si è venduto granché bene, bene lo stesso: significa che il grande pubblico non è ancora pronto per apprezzare le opere di qualità ma è sulla strada per farlo. Se non si è venduto per niente bene, male: ma l'Italia, si sa, è "un paese di merda".

Tirarsela come si deve, tuttavia, non è cosa semplice. Bisogna essere profondamente insicuri di sé e allo stesso tempo prendersi molto sul serio, tanto da arrogarsi la libertà di spiegare il mondo dall'alto della propria intelligenza a lettori e commensali, dichiarando altresì la bontà della propria poetica e sentenziando l'irrilevanza di quelle altrui, se possibile in modo così lambiccato da escludere a priori ogni seria ipotesi di chiarezza. Inoltre occorre atteggiarsi a intellettuali, e perciò vestirsi prevalentemente di nero. Ma non basta. Per tirartela al meglio dovrai perciò tenere a mente alcune regole fondamentali e applicarle sia quando vai alla toilette sia quando vincerai il Premio Strega, o lo perderai per un voto.

1. Scegliere con cura i termini di paragone per quanto riguarda te stesso e la tua opera. I nomi migliori sono in assoluto quelli

di Omero, Proust, Borges. Per darti un tono, cita Bolaño. Per fare sfoggio della tua cultura underground, cita Frank Miller. Per distinguerti ancora un po' e fare sfoggio della tua trasversalità culturale, il collettivo Wu Ming. Cita sempre il compianto David Foster Wallace. Va da sé che per citare qualcuno non è necessario aver letto ciò che ha scritto.

2. A tavola con gli amici come sul palco dove stai presentando la tua opera, accenna come di sfuggita a tutta una serie di autori anche se non ti sei mai dato la pena di sfogliarli. Tra gli indispensabili: Baudrillard, Benjamin, Calvino, Deleuze, Foucault. Con Calvino in particolare si va sempre sul sicuro perché avendo scritto tra gli altri un libro intitolato *Le città invisibili* si presta a essere citato con grande facilità, a meno che non si sia autori di un romanzo, o una raccolta di racconti, o una raccolta di poesie, o anche solo un racconto, o appena una poesia, con ambientazione incontrovertibilmente agreste. Tra una parola e l'altra ricordati di ammiccare alla "leggerezza calviniana". Ricordati altresì di citare il compianto David Foster Wallace.

3. Specie quando non sai che cosa dire, devi avere l'aria di soppesare con cura non solo le frasi ma anche le singole parole. In ogni caso, parla molto, molto, molto lentamente, anche per apprezzare fino in fondo il suono della tua voce. Cerca di imitare quella del compianto David Foster Wallace, anche se a dire il vero non l'hai mai sentita.

4. Ravvivati spesso i capelli. In assenza dei medesimi, punta tutto sullo sguardo. Uno sguardo alla David Foster Wallace.

5. Smetti di salutare. Chi? Tutti, tranne i critici che contano e i colleghi da cui ti aspetti una recensione positiva per l'ultimo libro che hai pubblicato visto che hai recensito positivamente il loro ultimo libro. Ricordati anche di salutare il tuo editore così da potergli telefonare a maggio per sollecitare il pagamento dei diritti eventualmente spettanti. Digli che comunque lo faceva anche il compianto David Foster Wallace.

6. Anche se stai cucinando una semplice pasta in bianco, approfittane per spiegare il mondo a partire da una semplice pasta in bianco a chiunque in quell'istante sia presente in veste

di pubblico: mogli, figli, amici, gatti eccetera. Pare che anche il compianto David Foster Wallace amasse cucinare, del resto.

7. Accetta tutte le interviste, anche quelle sull'autenticità della Sindone o sugli ultimi sviluppi della politica siciliana, dando risposte a un tempo trasversali e apodittiche (avendo cura di accertarti, prima di darle, del significato del termine "apodittiche"). Nelle interviste, infila sempre il nome del compianto David Foster Wallace.

8. Partecipa a tutti i dibattiti di tutti i festival, da quello sulla spiritualità a quello sulla matematica, spiegando il mondo al pubblico. Ricordati di presenziare al dibattito vestito di nero da capo a piedi. Rammaricati per la scomparsa precoce del compianto David Foster Wallace.

9. Spara a zero sulla televisione. Ma fai di tutto per andarci, ovviamente a *Che tempo che fa* di Fazio ma anche a *Ciao Darwin* di Bonolis. Millanta di avere scoperto il compianto David Foster Wallace prima di chiunque altro.

10. Protesta con chi di dovere perché nella stanza all'Hotel Le Méridien, il cinque stelle del Lingotto, dove sei sceso in occasione del Salone del Libro non hai trovato i cioccolatini in omaggio visti nelle mani di altri autori anche meno famosi di te. Di sicuro comunque non se li è presi il compianto David Foster Wallace.

Poi certo devi tirartela, oltre che in privato davanti allo specchio magari provando e riprovando gli sguardi e le posture e i gesti più adatti, e in pubblico sopra un palco, anche in Rete, digitando su una tastiera, cosa che com'è noto si può fare anche in mutande. Prima di accendere il computer occorre però prendere atto che il Web è almeno in ambito letterario il regno assoluto del narcisismo, e che malgrado ivi abbondi il guano (lo sostiene Wu Ming 1 ed è obiettivamente difficile dargli torto), se vuoi passare per uno scrittore autorevole dovrai partecipare a più forum incentrati sul dorato mondo delle Lettere e sulle ricorrenti polemiche in merito a questa o quella presa di posizione di questo o quell'autore in merito a questo o quell'argomento, si tratti della possibilità di scrivere non più dopo Auschwitz ma dopo lo "spettacolare" attentato dell'11 settembre, di aderire o meno al manifesto letterario del momento, di sottoscrivere l'ultima raccolta di firme, ironizzando su chi usa a sproposito termini come "enallage" o "ipallage" e facendo notare *en passant* il fatto di aver discusso la propria tesi di laurea con Umberto Eco o comunque a Bologna. Non solo. Tieni a mente che occorre ribadire la propria esistenza approfittando di ogni occasione di visibilità digitale, si tratti di intrufolarsi in una discussione sul nazismo vero o presunto degli gnomi di Tolkien o di partecipare a un dibattito sul caso del fantomatico capitolo mancante di *Petrolio* di Pasolini o di esprimere solidarietà a Saviano malgrado l'invidia per il numero di copie vendute, medicata solo in parte dal fatto che Saviano vive sotto scorta da anni. Che si tratti di una discussione o di un dibattito, l'essenziale è rimarcare con ogni mezzo la propria superiore intelligenza e cultura ed erudizione, così da consolidare almeno virtualmente il proprio prestigio e quindi la propria carriera intellettuale senza badare al fatto che il fatturato di tutta l'editoria italiana è comunque inferiore a quello non della Ferrero ma di un singolo prodotto della Ferrero ossia della Nutella, anche se così facendo è facile trasformare il tutto in un litigio con gli altri partecipanti al dibattito o alla discussione, perché ciascuno è lì per rimarcare le proprie e consolidare eccetera. Salvo poi dirsi disgustati, a cena con gli amici o in veste di opinionisti su un qualche quotidiano, dalle risse televisive e dalla barbarie degli ultras.

L'autore non paga mai

E certo l'emozione è grande quando, dopo aver mandato il proprio testo a un tot di editori e ricevuto un tot di lettere di rifiuto in genere prestampate della serie *Siamo onorati di aver ricevuto il suo romanzo ma purtroppo ci rincresce comunicarLe* eccetera, con la firma finta in finto inchiostro blu come nelle comunicazioni alla gentile clientela da parte di cataloghi di vendita per corrispondenza come Vestro o Postalmarket, si riceve la telefonata che magari si aspetta da anni:

"Il suo libro ci è piaciuto, che ne dice di venirci a trovare in casa editrice così ne parliamo?"

E se la casa editrice in questione è degna di questo nome, sarà lo stesso direttore editoriale o di collana a comunicarti, una volta messo piede nel suo ufficio, che le spese da te sostenute per il viaggio da casa tua fin lì ti saranno "naturalmente" rimborsate. È, questo, il primo segnale del tuo cambiamento di status. Ormai hai davvero messo piede nel dorato mondo delle Lettere, e, a differenza di chi pubblica a spese proprie, scoprirai ben presto che pubblicando a spese altrui sarai spesato per quanto riguarda pasti e spostamenti. Lì per lì ne sarai lusingato, e penserai che si tratti di una svolta a dir poco epocale, visto che nella vita di prima nessuno si faceva carico al posto tuo dei conti di bar e ristoranti e dei biglietti di treni e aerei. Ma tieni presente che, volendo, si può anche fare a meno di ringraziare. C'è infatti chi ritiene che tutto ciò gli sia semplicemente dovuto, e da un pezzo. Perché da parte sua sentiva da molto tempo di essere a pieno titolo uno *scrittore*. Già all'epoca dell'università, quando anziché preparare gli esami scriveva racconti nelle pause tra una capatina al bar di fronte all'ateneo e l'altra, anzi no, già ai tempi del liceo, quando scriveva poesie nelle ore di lezione, anzi no, già negli anni delle medie, quando scriveva lettere d'amore alle compagne di classe, anzi no, già durante le elementari, quando vergava di proprio pugno le sue prime opere letterarie, "uva" e "casa". Non solo. Perché alcuni nel corso degli anni hanno fatto rilegare a loro spese anche gli inediti, esposti in bella mostra nella libreria del soggiorno, e perfino le varie stesure preparatorie dei medesimi e gli appunti e gli scarti, nonché i quaderni di scuola, rendendo così un gran servizio ai filologi del futuro.

In ogni caso, una volta introiettato che l'autore non paga mai, sappiti regolare di conseguenza. Per dire: se sei a colazione o a cena con l'editore, qualora l'editore sia di un certo livello, ordina sempre i piatti e i vini più cari. Fallo anche con gli editori minori, ma preparati a soffocare eventuali sensi di colpa nei confronti dei traduttori che lavorano per i medesimi, sottopagati non solo rispetto agli standard europei ma anche rispetto agli standard degli editori maggiori, i quali pagano comunque un quarto rispetto ai loro corrispettivi tedeschi e lo fanno a tre o sei mesi dalla consegna della traduzione, che è sempre meglio dei nove o dodici o perfino quindici mesi o addirittura mai di certi editori minori. Se per caso l'editore minore esita per un istante al momento di mettere mano al portafoglio, fingi di dover subito mandare a qualcuno un lungo sms e immergiti nella scrittura del medesimo oppure vai in bagno.

Se poi devi uscire di casa per la promozione del libro, conserva con cura tutti gli scontrini e le ricevute, e sappi che ci sono scrittori anche ricchi e famosi che si fanno rimborsare perfino il caffè consumato in piedi al bar del Frecciarossa e pure i biglietti della metropolitana, se per caso c'è lo sciopero dei taxi. In questo modo ti farai rimborsare al più presto ogni cosa. A proposito del taxi: se decidi di lasciare una mancia al tassista, assicurati che questa venga sommata al prezzo della corsa sul bigliettino che ti viene dato in veste di ricevuta. Se per caso il tuo editore è di quelli che non rimborsano gli extra in albergo, compra prima di mettere piede nel medesimo quel che vorresti consumare pescando dal frigobar, così da aggirare almeno in parte il problema. Detto questo, va da sé che più copie venderai più potrai permetterti di fare i capricci. Tipo pretendere di volare solo ed esclusivamente con la tale compagnia e seduto al posto 1A. Oppure esigere una Croma con autista per raggiungere il Festival di Mantova, visto che i collegamenti ferroviari con la città lombarda sono quelli che sono. O ancora farti dare una doppia all'Hotel Le Méridien, durante il Salone del Libro di Torino, a spese del Salone del Libro di Torino, anche se abiti proprio a Torino: c'è uno scrittore che peraltro è anche editore e intrattenitore e un mucchio di altre cose che è riuscito a farlo, credimi. Certo più di tanto non potrai pretendere, visto che come si diceva il fatturato di tutta l'editoria italiana è inferiore a quello della Nutella. Però vuoi mettere con gli innumerevoli disgraziati che finiscono per dormire su un divano letto a casa del loro "presentatore"? A me per esempio è capitato, anche se il fondo l'ho toccato quella volta che mi hanno sistemato in un albergo privo di stelle e di riscaldamento, ricordo che era gennaio e nevicava. Eh, sì, che cosa non si fa per vendere due copie in più, se non si passa da Fazio.

Contratti e capestri

Il primo contratto, per un esordiente, rappresenta una tale sorpresa e gratificazione che spesso ci si dimentica di una banalità: prima di apporre la propria firma in calce a qualsivoglia documento sarebbe bene leggerlo, e se per caso si ha un qualche dubbio chiedere chiarimenti. Ma di fronte al contratto per la pubblicazione del tuo primo libro scoprirai che non è facile. Sulla celebre onda del famoso entusiasmo ci si abbandona legittimamente ai classici sogni di gloria, lasciandosi finalmente alle spalle anni e talvolta perfino decenni di rifiuti e frustrazioni. Così, visto che il materializzarsi di quel pezzo di carta è considerato alla stregua di un miracolo, si firma. Felici, emozionati e ingenui. Senza rendersi davvero conto che una casa editrice è un'impresa, non un'opera pia. E che le condizioni stabilite dal contratto si possono anche discutere: certo un esordiente non ha moltissimi margini di trattativa, al contrario di un autore di best seller, e però provarci non costa niente, mentre non provarci può costare eccome. Il primo contratto che ti verrà sottoposto sarà quello standard, usato dall'editore per tutti gli esordienti. Non prevede un anticipo sulle vendite, e garantisce una percentuale sui diritti che può andare dal 5 all'8%. Inoltre viene specificato che una volta sottoscritto avrà una durata ventennale. Ora: ciascuno, a seconda dell'età, ha una sua percezione del tempo. Ma vent'anni, per quanto riguarda un contratto editoriale, non sono pochi. Tuttavia ci si casca in tanti.

Ci sono però altre clausole a cui in genere non si dà peso e che invece occorrerebbe valutare con attenzione. Per esempio, quelle che specificano che l'importo su cui verranno calcolati i diritti non è quello di copertina ma quello di vendita, che è inferiore al primo in quanto per vendita si intende non quella del libraio al cliente ma quella dell'editore al libraio. E altre che fanno presente come dal computo delle copie vendute vadano escluse non solo quelle date in omaggio dall'ufficio stampa a critici, testate e festival, ma anche quelle omaggiate alle librerie: non tutti sanno che i rapporti commerciali tra queste e gli editori prevedono la formula 6/7 o 12/13 (se la libreria ordina sei copie di un titolo la settima è in omaggio, se ne ordina dodici ottiene in omaggio la tredicesima). Per tacere delle percentuali con cui si stabilisce la suddivisione degli eventuali introiti derivanti dalla cessione dei diritti all'estero o in caso di opzione da parte di un produttore cinematografico con successiva auspicabile acquisizione: di norma, nei contratti standard, si tratta del 50%.

Insomma: se non sei disposto a discutere in prima persona di queste faccende con l'editore, farai bene a trovarti un agente. Naturalmente ti chiederà una percentuale, ma ti solleverà da parecchi grattacapi e imbarazzi. O almeno te lo auguro. Io un agente non l'ho mai avuto, e ho sempre sospettato che se ne avessi avuto uno sarebbe stato meglio. Ma l'unica volta che mi sono cercato un agente, mi sono sentito dire che se fin lì avevo fatto a meno di un agente forse non era il caso che ne prendessi uno. In ogni caso, gli scrittori sono fatti così: se l'agente non ce l'hanno, vivono col dubbio che forse sarebbe meglio avercelo. Se ce l'hanno, vivono col dubbio che forse sarebbe meglio non avercelo.

Detto questo, non firmare *mai* un contratto in cui per qualsiasi motivo e con qualsiasi argomentazione l'editore o presunto tale ti chiede dei soldi. E non farti ingannare da chi si presenta dicendoti che lui no, non è un editore a pagamento, assolutamente, ma che, scherzi, e però poi ti chiede giusto un contributo per la correzione delle bozze, tipo tremila euro. Anche perché a chi eventualmente le correggesse non ne andrebbero nemmeno trecento. Un libro, per avere la possibilità di farsi leggere, deve circolare. Ovvero essere distribuito, così da entrare in libreria. Ma non nella libreria sotto casa tua: in tutte le librerie, o almeno in una buona percentuale delle medesime. E dato che gli editori a pagamento non si appoggiano ad alcun distributore su scala nazionale, né a Messaggerie né a PDE per citare i maggiori, andrà a finire che il tuo libro venderà pochissime copie, a meno che tu non abbia moltissimi amici e parenti.

Così, passato un anno, ti sentirai dire: "Guardi, noi il suo libro a questo punto lo dobbiamo mandare al macero. Ma se preferisce, può acquistare lei la giacenza". Per la serie cornuto e mazziato, insomma. *Nobbuono*, diceva quel tale con la barba travestito da sceicco, scuotendo la testa.

Bozze:
"Muor *givane* colui che al cielo è caro"

Quando in Italia si parla di precariato di solito si citano gli operatori addetti al marketing telefonico oppure i ricercatori universitari. Quando invece si parla di nuove forme di schiavismo ecco spuntare i raccoglitori di pomodori africani e le sartine cinesi. Ma a parte il fatto che ormai il precariato riguarda tutti i mestieri e che oggi come oggi lo schiavismo si chiama *modernizzazione*, in pochi parlano del precariato e dello schiavismo in ambito culturale. Per capirci.

A un certo punto, nel dorato mondo delle Lettere, sono arrivati i famosi manager. Accompagnati dai celebri tagliatori di teste. Si era, non a caso, nei mirabili anni Ottanta. Giulio Einaudi, grandissimo editore, non aveva pari talento come amministratore. E a un tratto, al riparo da orecchie indiscrete, nelle case editrici cominciò a circolare una nuova teoria: "Il mercato è il mercato. E vendere libri è esattamente come vendere detersivi nei supermarket. Anzi, di più: dobbiamo vendere i libri nei supermarket. E aprire nuove librerie impostate come supermarket". Oggi infatti i libri stanno nei supermarket proprio di fianco ai detersivi, e le librerie indipendenti chiudono a decine. E non a caso, contestualmente, ecco che anche nei libri che escono presso editori un tempo portati ad esempio per i loro altissimi standard qualitativi si leggono cose tipo: "Aveva nevicato".

Succede. E succede nella narrativa come nella saggistica, in testi sia italiani sia tradotti. In quest'ultimo caso, il lettore tende a dare la colpa al traduttore, forse senza sapere che qualsiasi traduzione andrebbe sempre e comunque rivista a cura della casa editrice: non solo nel caso ci si trovi al cospetto del lavoro di un traduttore alle prime armi, ma anche quando si tratti di dare alle stampe un testo tradotto da uno dei migliori professionisti del settore. Solo che in Italia sulle traduzioni si cerca in ogni modo di risparmiare, a partire dal compenso che viene calcolato a cartella e che in media si aggira sui dodici euro, ovvero poco più di un quarto rispetto a quanto accade per esempio in Germania. Di modo che, per mettere assieme la parvenza di uno stipendio, un traduttore deve lavorare notte e giorno, più o meno. E molto, molto, molto rapidamente. Si capisce che, per quanto un traduttore sia bravo e ricco d'esperienza, la qualità della traduzione ne risente. Vi si potrebbe porre rimedio almeno in parte in un secondo momento, se a traduzione consegnata qualcuno si prendesse la briga di rivederla con le dovute cure. Ma questo tipo di mansioni, un tempo interne alla casa editrice, oggi viene appaltato all'esterno, ovvero ai tanti neolaureati che dopo aver speso sui libri gli anni migliori della loro gioventù si arrabattano per tirare su qualche soldo. Fermo restando che anche qui i compensi sono come si dice "da fame". Ragion per cui anche chi rivede il testo lo fa di corsa, sempre che la revisione avvenga davvero: perché non di rado, sempre nell'ottica del risparmio, si decide che "non è il caso". A quel punto, ci sarebbe un'ultima chance, quella costituita dalla revisione delle bozze da parte del traduttore medesimo. Operazione che di nuovo deve essere svolta in tempi brevissimi, e dunque senza modo di soffermarcisi troppo. Sempre che anche questa avvenga davvero: perché spesso, ancora per contenere i costi, si va direttamente in stampa senza che nessuno abbia rivisto alcunché. Di modo che poi saltano fuori gli "aveva nevicato". C'è poi un'altra questione: la scomparsa del trapassato remoto, frequentissima nei romanzi tradotti dall'inglese o dall'americano. Fateci caso. Nei libri scritti in inglese al passato remoto, tutto risulta raccontato al passato remoto, anche le vicende che si sono svolte precedentemente al tempo in cui avviene la storia in questione, cosa che spesso ingenera nel lettore una comprensibile confusione.

Per quel che mi riguarda, comunque, credo di poter rivendicare una sorta di record. Perché nel 2004 mi è capitato di pubblicare un romanzo, *Il paese delle meraviglie*, il cui primo refuso veniva ancora prima della prima riga del primo paragrafo del primo capitolo del romanzo stesso. In esergo, infatti, avevo scelto una frase di Menandro: "Muor giovane colui che al cielo è caro". Che forse avrei fatto a meno di citare, se avessi saputo che con la pubblicazione del libro sarebbe diventata: "Muor givane colui che al cielo è caro". Non male, eh? A questo punto, mi manca solo il refuso nel titolo. Ma so che è lì, da qualche parte, in agguato, ad aspettarmi.

Sia come sia, se posso permettermi di darti un consiglio, insisti sempre per rivedere le bozze, possibilmente anche le seconde bozze, e una volta riviste queste non esitare a chiamare il tuo referente in casa editrice se per caso ti accorgi di dover correggere ancora qualcosa. Esistono infatti le cianografiche, per gli amici "le ciano", ultimo stadio del libro prima della sua forma stampata. E su quelle è ancora possibile intervenire, anche se con grande moderazione.

Costruire il caso letterario.
Cioè umano

Nel momento in cui ti troverai a parlare con un editore delle cosiddette strategie di marketing per l'uscita del tuo romanzo, ammesso che il tuo editore ritenga di doverne davvero parlare e ammesso altresì che ritenga di farlo anche con te, sappiti regolare. Perché a seconda dell'editore e del suo coefficiente di spregiudicatezza dovrai essere pronto a tutto. L'editore infatti fa il suo mestiere perché, mente illuminata e spirito romantico, nutre uno smisurato amore per la letteratura. Ma vendere libri non gli fa così schifo. E riuscirci in un paese dove leggere è appannaggio di una minoranza non è impresa da poco. Per capirci: anni fa ricevetti un invito per presentare uno dei miei romanzi in una libreria di una città del Nord. Quando arrivai, scoprii che si trattava di una libreria piuttosto piccola ma molto bella, gestita da tre giovani librai entusiasti. La saletta dov'era prevista la presentazione era gremita, del resto sarebbe bastato che i tre giovani librai entusiasti invitassero i rispettivi parenti. Al termine della serata, prima di andarmene feci i miei auguri ai tre giovani librai entusiasti, anche perché fino a poco tempo prima avevo fatto il loro stesso lavoro: "Bisogna essere coraggiosi in questo paese per aprire una libreria, e forse anche un po' matti", dissi loro. Ricordo che tutti e tre sorrisero. Ma non ricordo se fecero gli scongiuri. Fatto sta che la scorsa estate sono tornato nella stessa città a presentare un altro mio libro, questa volta in una grande libreria di catena. E ad accogliermi c'era uno dei tre librai. Un po' meno giovane e però sempre entusiasta, malgrado la piccola bella libreria fosse stata costretta a chiudere i battenti e lui ora lavorasse lì come commesso.

Qualche tempo dopo ho ripensato al perdurare di questo entusiasmo aprendo *L'Italia che legge*, agile saggio di Giovanni

Solimine sullo stato della lettura in Italia. Giusto per darti un'idea: mentre decine e decine di librerie indipendenti chiudono, i punti vendita delle grandi catene sono triplicati. Chiunque abbia messo piede in uno di questi ultimi sa bene che si tratta di cosiddetti *megastore*, dove i libri costituiscono solo uno dei tanti prodotti in vendita, dai dvd ai computer passando per i *peluches*. E chiunque frequenti abitualmente questi *megastore* sa anche che lì come in tante librerie indipendenti i libri in vendita sono soprattutto novità: da tempo ormai si ragiona in termini di "redditività a metro quadro", e la vita media di un titolo sui banconi o anche a scaffale non va oltre i tre mesi, a meno che non si tratti di un "long seller". Quanto al famoso catalogo, è diventato un lusso che non ci si può proprio più permettere, salvo rarissime eccezioni.

Sia come sia: dato che in Italia si legge poco, il lancio di un libro deve per forza di cose "fare un po' di casino", come mi ha spiegato una volta un funzionario di una nota casa editrice milanese. E quindi ecco che al di là del libro stesso, di com'è scritto e di che cosa racconta, al di là del titolo più o meno accattivante e della copertina con graffiti o senza, occorre darsi un gran da fare per creare ad ogni costo "il caso", di modo che i giornali ne parlino senz'altro, e con enfasi, superando di slancio le difficoltà derivanti dal fatto che ogni anno in Italia escono 55.000 nuovi titoli, e dire che le scrivanie dei responsabili delle pagine culturali sono "intasate" costituisce il classico eufemismo. Ecco dunque il ricorso frequente alla categoria Giovane Scrittore, a partire dal presupposto che un giovane che si dedichi alla scrittura anziché al calcio o al velinismo costituisce di per sé un caso, e poi tutto il variegato catalogo. E dunque a seconda delle stagioni e delle strategie di marketing e delle mode e dei risultati dei brainstorming, le lolite e le ninfomani più o meno sadomaso con i loro diari e decameroni trasgressivi, e gli ex sessantottini ed ex muratori però sempre molto eleganti, e i montanari-scultori-bevitori un filo stravaganti, e gli spiegatori di mondo in maniche di camicia arrotolate, e gli ebrei un po' snob e molto altoborghesi ma anche così esperti di Proust da essere accostati senz'altro a Proust, e le figlie super progressiste di ragazzi di Salò, e poi ancora i blogger, e i fisici, e i panettieri, e i pizzaioli, e i musicisti, e i registi, e gli opinionisti, e i podisti, e i giallisti magari ottuagenari, e i giovani prof che insegnano ai giovani come sono in realtà i giovani, e perfino gli ex cecchini gli ex sindaci già candidati alla Presidenza del Consiglio, e i martiri in pectore, e. Da parte mia, in veste di caso letterario e umano ho avuto la fortuna di rientrare in più categorie: oltre al Giovane Scrittore, il commesso di libreria, la testa rasata, il figlio di operai. E ricordo ancora la delusione della giornalista di un quotidiano comunista quando le dissi che sì, mia madre faceva l'operaia nel settore tessile, ma mio padre era un semplice barbiere. "Ah, allora non è vero che sei figlio di *operai*", mi disse, scornata. Risultato: il suo entusiasmo di fronte al caso letterario e umano di turno scemò. Amen.

Quanto a te, preparati. E se te la senti, giocaci: inventati un passato nella P2, o da stella del porno, o da ex neonazista pentito. Tra l'altro, esistono alcune lettere di Céline al suo editore, dove l'autore di *Viaggio al termine della notte* e di *Bagatelle per un massacro* si fa beffe dei giornali, consapevole che le polemiche fanno vendere e deciso come usa dire a marciarci fino in fondo. Bravo Louis Ferdinand. Così si fa.

Graffiti

La copertina di un libro è importante quanto il titolo. Questo lo sanno tutti gli editori. Ma non tutti gli editori sanno come si fa una copertina. In Italia, è noto, in fatto di copertine si distinguono in particolare Einaudi, Adelphi, Guanda e Sellerio, e da ultimo anche quelle targate Isbn. Ma non è facile districarsi tra quelle di altri editori, che soprattutto per quanto riguarda certi best seller americani tendono a mandare in libreria prodotti tanto simili tra loro da ingenerare nei clienti delle librerie veri e propri stati confusionali. In ogni caso, quando ci s'imbatte in una brutta copertina, il che è invero piuttosto frequente, chissà perché tra gli addetti ai lavori si ripete sempre la stessa frase: "Sembra una copertina bulgara". Noi italiani siamo fatti così: ossessionati dall'idea di non farci superare dai portoghesi, invidiamo gli spagnoli per come se la godono, ironizziamo sulla precisione degli svizzeri, consideriamo troppo seri i tedeschi, non ci capacitiamo della facilità con cui si mettono in coda gli inglesi, ci accorgiamo che al mondo esiste la maleducazione solo quando ci imbattiamo nei francesi, e riteniamo che le peggiori copertine in assoluto siano per l'appunto una specialità dei bulgari. Ciò detto, sarà bene che ti metti subito in testa una cosa: anche se nel tuo caso avrai trovato un editore italiano e non bulgaro, sia in veste di esordiente sia in seguito, sempre che ci sia un seguito, sarà molto difficile che le copertine che ti vedrai proporre ti soddisfino. E comunque sulla scelta della copertina non avrai mai voce in capitolo.

Ti si farà notare, con tono gentile ma fermo, che "la copertina la fanno i grafici". E a meno che tu non sia un grafico, questa perentoria e incontrovertibile affermazione farà abortire sul nascere qualsiasi tentativo di dire la tua. Anche se poi il peggio, in realtà, si ha proprio quando è l'editore a sollecitare all'autore qualche proposta in merito all'abito che indosserà il suo libro. Se ti capiterà scoprirai infatti che qualsiasi proposta, anche quella che non solo a te ma a qualunque persona equilibrata sembra in assoluto la più sensata ed efficace, verrà accolta con un mix di paternalismo e indulgenza, e immancabilmente smontata. In questo gli editori sono tutti bravissimi. Non girano intorno alla questione. Diventano subito molto diretti. E se per caso ti azzarderai a insistere, scoprirai che una delle frasi più ricorrenti, assieme alla sopracitata "la copertina la fanno i grafici", è quest'altra: "in libreria una copertina così non si vede". La prima volta me la sono sentita dire da un direttore commerciale famoso in casa editrice per il fatto di non essersi mai azzardato a mettere piede in una libreria in vita sua. Io se non altro avevo dieci anni di esperienza come commesso. La prossima volta me la sentirò ripetere quando si tratterà di discutere della copertina di questo libro. Prova a chiuderlo. Ecco, vedi? Quella che avevo proposto io era molto più bella.

Naturalmente, non funziona sempre così. J.D. Salinger per esempio riuscì a imporsi addirittura a tutti i suoi editori sparsi per il mondo: *Il giovane Holden* non doveva avere alcuna immagine in copertina. Già. E sai poi che gli è successo? È morto. Comunque: alla pari di certi romanzi che danno il via a mode letterarie e di certi titoli che poi in tanti cercano di imitare, anche le copertine dei libri non di rado seguono veri e propri filoni. Così, se il successo di Federico Moccia ha scatenato molti editori alla ricerca di storie alla Federico Moccia, e se il successo di Paolo Giordano ha scatenato molti editori alla ricerca di titoli alla Paolo Giordano, il successo di Federico Moccia e Paolo Giordano ha scatenato molti editori alla ricerca di copertine che fossero o alla Federico Moccia o alla Paolo Giordano, o ancora meglio una sintesi tra i due. Penso non solo a singoli titoli, ma a intere collane. Tuttavia, credo che in generale si debba essere grati sia a Federico Moccia sia a Paolo Giordano, e con loro naturalmente ai grafici che hanno disegnato le rispettive copertine, perché grazie al successo dei libri di Federico Moccia e Paolo Giordano e al lavoro dei grafici di Feltrinelli e Mondadori si è finalmente interrotto il filone dei graffiti.

Ora, come si evince dal titolo di questo capitolo, è qui che volevo arrivare. Ai graffiti. Nel corso degli ultimi trent'anni, te ne sarai certo accorto anche tu, gli editori hanno scoperto che da Andrea De Carlo in poi una certa fetta di pubblico leggeva i "giovani scrittori". E si sono detti che doveva per forza di cose trattarsi di "lettori giovani": non chiedermi perché, ma il termine "giovani" nel primo caso viene sempre prima, e nel secondo sempre dopo, forse perché in realtà si tiene più in considerazione il lettore che lo scrittore, e in molti casi bisogna dire che è giusto. Comunque. Dato che si trattava di "giovani scrittori" che scrivevano libri "giovani" per i loro "lettori giovani", gli editori hanno concluso che in copertina dovessero per forza di cose campeggiare i graffiti, perché i graffiti sono roba da "giovani": lo sanno anche i muri. È così che i graffiti sono diventati il marchio di fabbrica delle copertine di innumerevoli esordienti, ma non solo. Bastava infatti che fra i trenta personaggi del settimo libro di un dato autore comparisse anche solo un singolo ragazzino, e dunque un giovane, anche solo per una singola pagina, per far sì che l'editore pensasse ai graffiti come alla copertina ideale del libro in questione. La cosa peraltro ha fin da subito contagiato anche i fotografi, che da parte loro, per immortalare i "giovani scrittori" in modo originale e giovane, hanno tutti iniziato a chiedere ai "giovani scrittori" medesimi di mettersi in posa davanti al primo muro giovane coperto di graffiti giovani a disposizione. Per quanto mi riguarda ho perso letteralmente il conto degli scatti giovani che nel corso di questi ultimi trent'anni hanno ritratto "giovani scrittori" davanti a muri giovani coperti da graffiti giovani, non solo in occasione dell'uscita del loro primo romanzo, ma anche dei successivi. Al momento non si sa quanto durerà il filone attuale, ovvero questo tentativo di concepire copertine che siano un ibrido tra quelle di Federico Moccia e quelle di Paolo Giordano, in un'orgia di adolescenti abbracciati e cuoricini e primi piani di ragazze belle e pensose. Ma godiamocelo. È quel che si dice una boccata d'aria fresca. Però non durerà, lo sento. Presto, molto più presto di quanto non si pensi, i graffiti torneranno in circolazione. E a beccarteli stavolta sarai tu.

Ovazioni, stroncature e contro-stroncature

In teoria, si dovrebbe dare per scontato che una volta pubblicata un'opera, questa possa suscitare reazioni sia favorevoli sia contrarie. E sempre in teoria si dovrebbe altresì dare per scontato che se sono legittime le une allora devono esserlo anche le altre. Poi si può anche decidere di ignorarle, ammesso che vengano: perché non sempre si viene recensiti, e i motivi variano a seconda del libro e dello scrittore, oltre che del critico e della testata. Per dire: di tutti i libri che ho scritto, nessuno è stato ritenuto degno di una recensione sull'autorevole domenicale del *Sole 24 Ore*. Ma in effetti si tratta davvero di una testata autorevole, e poi con tutti i libri che escono in Italia non possono recensire *urbi et orbi*, e se mai si decidessero a farlo magari mi stroncherebbero addirittura ferocemente, dunque chissà che non sia meglio così. Però... non mi hanno mai recensito nemmeno su *D*, il supplemento della *Repubblica*. E allora, un giorno, così, su due piedi, mi sono messo a scrivere un libro al solo scopo di farmi recensire da *D*. Sul serio. Non sto scherzando. Dato che *D* una volta si chiamava *D come Donna*, il libro l'ho intitolato *D come Donna*. E dato che una delle firme di punta di *D* era Guia Soncini, nel libro ho inserito un capitolo intitolato *Guia Soncini*. Così, mi sono detto, stavolta *D* non potrà non recensirmi. Solo che poi è successo che l'editore, a cui il titolo *D come Donna* comunque piaceva, mi ha chiesto di trovarne uno alternativo, forse per evitare eventuali controversie legali. E alla fine, seppure a malincuore, ho mandato una lista di titoli alternativi tra cui compariva *Venere in transito*, che dopo essere diventato *Venere in tram* si è trasformato nel titolo definitivo, *Venere in metrò*. Nel romanzo però il metrò non compariva, così ho aggiunto le quattro righe necessarie per farlo prendere alla protagonista. In ogni caso, mi sono detto, *D* mi recensirà lo stesso, visto che comunque nel libro c'era il capitolo intitolato a Guia Soncini. Solo che poi quando il romanzo è uscito, il 18 settembre 2012, erano ormai due o tre settimane che Guia Soncini non risultava più tra i collaboratori di *D*. Risultato: nemmeno *Venere in metrò* è stato recensito da *D*. Il fatto che ora racconti qui questa storia farà sì che su *D* recensiscano almeno questo libro? Francamente ne dubito. Amen.

Sia come sia, ignorare le recensioni quando escono non è facile. L'ego degli scrittori è notoriamente smisurato. Difficile non cadere in tentazione, specie quando l'editore ti invia la rassegna stampa. In Italia tuttavia le cose si complicano, perché come sempre da noi vale tutto. Hai presente *Fight Club*? Beh, il dorato mondo delle Lettere funziona così. L'unica regola infatti è che non ci sono regole. E dunque accade che se uno recensisce bene un altro poi quest'altro presto o tardi ricambia. Vedi il caso di Gad Lerner che recensisce ed esalta il primo libro di Alessandro Piperno per poi essere da questi recensito ed esaltato per poi recensire il secondo libro di Alessandro Piperno di nuovo esaltandolo in attesa che questi magari recensisca ed esalti di nuovo lui. Ma non sono certo i soli. E ovviamente il meccanismo funziona anche a rovescio. Nel senso che a seconda delle antipatie e delle invidie ci si stronca senza pietà. Per carità: generalizzare è sempre sbagliato e anche in questo campo si danno fortunatamente delle eccezioni, che qui tuttavia non mi pare il caso di elencare, perché poi anche se non si è mai andati a cena insieme sembra che uno voglia omaggiare una cerchia più o meno ristretta di critici amici o amici di critici, fate voi. Epperò, succede che molti scrittori recensiscano il lavoro altrui, sostituendosi ai critici. E accade anche che molti critici a un certo punto finiscano per pubblicare libri di narrativa, sostituendosi agli scrittori. Nei paesi anglosassoni di norma non succede, ma guarda un po'. Da noi invece è un costume ben oliato, consolidato. Ma non per questo meno stravagante. Per capirci: hai presente i voti che vengono dati ai calciatori sulle pagine sportive dei quotidiani una volta conclusa la partita? È come se i calciatori si mettessero a darsi i voti l'un l'altro, al posto dei giornalisti. E i giornalisti si mettessero a loro volta a giocare, oltre che a giudicare. Come se il capitano della Roma potesse valutare la prestazione di un suo compagno di squadra, ma anche del capitano della Lazio, e viceversa. E come se in un turno di campionato scendesse in campo pure Sconcerti. Una garanzia di serietà, insomma. E di serenità di giudizio, obiettività e trasparenza. Infatti nel becero mondo del pallone certe cose non succedono. Mentre nel dorato mondo delle Lettere sì. In realtà c'è chi dice pane al pane e vino al vino, ma non si tratta di una moltitudine.

Ecco perché le pagine culturali e i supplementi letterari finiscono spesso per parlare soprattutto alla sparuta minoranza dei famosi addetti ai lavori, anziché al pubblico dei lettori. E il bello è che sono gli stessi protagonisti della scena letteraria a ripeterselo, come se la cosa non dipendesse anche da loro. Così, sulle pagine culturali e sui supplementi letterari si sprecano i favori e i dispetti, le entrate a gamba tesa e le vendette. Non di rado trasversali, visto che ci si muove volentieri in gruppo, o se preferisci in combriccole, o se vuoi in branchi, pardon, salotti. Per restare al calcio: hai presente il cosiddetto "metodo Moggi"? Beh, nel dorato mondo delle Lettere in realtà Big Luciano ha un mucchio di proseliti. Che oltretutto non si scannano per i milioni di euro garantiti dall'accesso in Champions League, ma per le classiche briciole. Anzi, per le briciole delle briciole.

Per i non addetti ai lavori, il sistema funziona così. Tizio scrive libri che vendono in media mille copie. Quelli di Caio invece ne vendono un milione. Se Tizio dirige o collabora con le pagine culturali di una qualche testata giornalistica, può stroncare il nuovo romanzo di Caio in prima persona, oppure, nel caso non possa o non voglia farlo direttamente, può chiedere aiuto all'amico Sempronio. Con la promessa di ricambiare il favore alla prima occasione. Basta una telefonata.

"Sempronio carissimo, come stai?"

"Tuttapposto, Tizio, grazie. E tu?"

"Tuttapposto. Che ti volevo dire... ah già, non so se hai visto il nuovo romanzo di Caio".

"Perché, ne ha scritto un altro?"

"Eh sì".

"Che coraggio".

"Poveri alberi".

"Povere foreste".

"Poveri noi. Ma mi chiedevo, te ne occupi tu?"

"Perché no. Tra l'altro lo sai che il prossimo mese esce il mio nuovo libro?"

"E certo. Fammi avere al più presto una copia staffetta dall'editore, che così te lo recensisco subito".

"Ti ringrazio, Tizio".

"Allora di Caio te ne occupi tu".

"Tranquillo".

Naturalmente, vale anche l'opposto: se Tizio si attende da Caio un qualche vantaggio, o gli è debitore di un favore ottenuto in passato, osannerà a priori la sua opera o la farà osannare dal solito Sempronio.

Poi ci sono le liti tra i critici. Che di solito finiscono per coinvolgere indirettamente gli scrittori da loro sostenuti o detestati. Se per esempio il critico A litiga con il critico B per qualche motivo di norma ascrivibile alla voce "polemica letteraria", farà con ogni probabilità del sarcasmo sugli autori apprezzati da B anche solo per il fatto che B li apprezza, e potrà spingersi fino a far valere le ragioni degli autori che invece B disprezza. Va da sé che la cosa provoca di solito un'immediata reazione da parte di B, consistente nell'attaccare A e di conseguenza anche gli autori prediletti da A. Certe rivalità e polemiche ormai storiche, vedi per esempio il caso di Benedetto Croce e Giovanni Gentile, si rinnovano col mutare delle generazioni e dei critici: dalla *querelle* tra Alberto Asor Rosa e Giulio Ferroni, finita in tribunale, fino alla più recente tra Andrea Cortellessa e Carla Benedetti.

Ora. Di norma, tu in quanto esordiente non sai nulla di tutto questo, e in generale è probabile che sia un bene. Tuttavia, dopo l'esordio ti ritroverai giocoforza a fare i conti con questo genere di cose. E ti potrà capitare di ricevere inaspettati peana, e subito dopo inattesi attacchi. E magari ti ritroverai incensato o deriso per motivi che ai tuoi occhi saranno incomprensibili. Nel primo caso, reagirai con uno stupore pieno di letizia e ti dirai che dopotutto c'è chi capisce e apprezza fino in fondo il tuo genio. Nel secondo, ti chiederai: "Ma che gli ho fatto, io, a questo/a?" La prima stroncatura è sempre uno shock. E lo sono anche tutte quelle che seguono. Presto capirai che cose simili fanno parte del gioco, e che da un certo punto di vista è naturale che sia così, visto che dopotutto pubblicare significa mettersi in piazza, esporsi. E capirai anche che se in privato nessuno ti vieta di pensare cose anche irriferibili a proposito di chi ti ha stroncato, in pubblico dovrai dire: "Ma per carità, ben vengano anche le stroncature, mica si può piacere a tutti, e poi ogni parere è legittimo".

A quel punto, comunque, ti sarai già misurato col fatto che là fuori c'è qualcuno che ti giudica per ciò che hai scritto e che si aspetta qualcosa da te. È per questo che in effetti sarebbe bene aver già finito il secondo libro prima di pubblicare il primo. Non è per niente facile mettersi a scrivere come prima, e cioè con quella che ho chiamato "innocenza". Ottenute le tanto ambite recensioni, scoprirai che non è semplice scrollarsi di dosso la sensazione che chi le ha scritte se ne stia alle tue spalle a scrutare lo schermo del computer, per vedere se quanto ti accingi a scrivere risponda o meno alle sue aspettative o perfino indicazioni. E farai una gran fatica a non pensare né agli elogi né agli sberleffi, e a concentrarti come dovresti sul tono, sulla lingua, sui personaggi, sulla struttura, sulla storia.

Un'ultima cosa, riguardo alle ovazioni. Non c'è niente di più pericoloso per uno scrittore che dirsi: "Però, quanto sono bravo". Un'ultima cosa anche per quanto riguarda le stroncature. Non c'è niente di più inutile che dirsi: "Vabbè, adesso gli rispondo". Anche se in linea di massima credo che ciascuno debba regolarsi come gli pare, rispondere a una stroncatura, per quanto la si sia patita, non è mai una gran mossa. Prima di tutto perché ogni critica è legittima, quand'è argomentata e non trascende nell'insulto. E poi perché anche se non è argomentata e magari trascende pure nell'insulto, ribattere significa in ogni caso impiegare tempo ed energie che forse sarebbe il caso di dedicare ad altro. Scrivere, per esempio. Ma non solo.

Classifiche

Da quando giornali come *La Stampa*, *la Repubblica* e il *Corriere della Sera* e siti come Ibs o Ibuk o Feltrinelli pubblicano le classifiche dei libri più venduti, tra le principali malattie professionali di cui soffrono gli scrittori spicca la cosiddetta SDC o Sindrome Da Classifica. La SDC si manifesta sempre il sabato o la domenica, ovvero quando escono le classifiche sui giornali, quelle che contano di più visto che finiscono in mano ai potenziali lettori, e scatta dopo quattordici giorni dall'uscita del libro, ovvero il tempo necessario perché sui giornali compaia la rilevazione delle vendite corrispondenti alla settimana in cui è avvenuta la pubblicazione. I sintomi della SDC, che si manifestano ovviamente solo negli scrittori che non si ritrovano al primo posto di tutte e tre le classifiche, ovvero nel 99,9% dei medesimi, sono sempre gli stessi. Nell'ordine: ira funesta, depressione molesta e paranoia manifesta. La casistica, per quanto riguarda la SDC, è comunque piuttosto varia. Di seguito troverai un quadro di massima dei casi in cui uno scrittore ne soffre.

a. A quattordici giorni dall'uscita del libro, lo scrittore non vede il libro in nessuna delle classifiche. Di conseguenza, manifesta con pari intensità tutti e tre i sintomi della SDC. Dentro di sé infatti si convince che i responsabili delle pagine culturali dei tre giornali in cui il libro non compare in classifica ce l'abbiano con lui. Se prima di comprare i giornali era una persona spiritosa, piacevole e allegra, dopo averli sfogliati freneticamente in cerca della pagina con le classifiche diventa irritabile, depresso e paranoico. "Bastardi", mormora tra sé e sé, senza rispondere alla fidanzata che vedendolo impallidire gli chiede: "Caro, ma che hai?"

b. A quattordici giorni dall'uscita del libro, lo scrittore lo vede in una delle classifiche. Di conseguenza, manifesta tutti e tre i sintomi della SDC, ma con una maggiore propensione per la paranoia. Dentro di sé infatti si convince che i responsabili delle pagine culturali dei due giornali in cui il suo libro non compare in classifica ce l'abbiano con lui. "Sarà quella volta che al convegno sugli intellettuali e l'impegno non li ho salutati abbastanza calorosamente", si dice.

c. A quattordici giorni dall'uscita del libro, lo scrittore lo vede in due delle tre classifiche. Di conseguenza, manifesta tutti e tre i sintomi della SDC, ma con maggiore propensione per l'ira funesta. Dentro di sé infatti si convince che il responsabile delle pagine culturali del giornale in cui il suo libro non compare in classifica ce l'abbia con lui. "Che cazzo gli ho fatto io a quello? Si può sapere?"

d. A quattordici giorni dall'uscita del libro, lo scrittore lo vede in tutte e tre le classifiche. Di conseguenza, manifesta tutti e tre i sintomi della SDC. Dentro di sé infatti pensa che malgrado il libro compaia in classifica, il posto in classifica non rispecchi l'effettivo andamento delle vendite: per sua natura, infatti, lo scrittore pensa sempre di meritare se non il primo posto assoluto almeno il posto immediatamente superiore a quello che occupa. Scuotendo la testa, si limita a sorridere con una piega amara e a bofonchiare: "Che stronzi".

e. A quattordici giorni dall'uscita del libro, lo scrittore lo vede in tutte e tre le classifiche, e in tutte e tre al primo posto. In teoria, almeno in questo caso lo scrittore non dovrebbe cadere preda della SDC. Ma in realtà ci sprofonda. Alla fidanzata, che non si spiega come mai lo scrittore abbia richiuso i giornali con aria stizzita dopo aver visto che il suo libro è in testa a tutte e tre le classifiche, spiega: "Sì, lo so, sono al primo posto. Ma ti pare giusto che non sia ancora uscita nemmeno una recensione firmata da un critico importante? La verità è che dato che ho successo mi snobbano".

Naturalmente, per tutti gli scrittori che non finiscono in classifica sui giornali le classifiche sono comprate dalle varie case editrici e dunque non fanno testo in alcun modo. Ma anche molti di quelli che finiscono in classifica la pensano alla stessa maniera. Non credere tuttavia che la questione delle classifiche sia poi così secondaria: avendo lavorato in libreria, ho visto coi miei occhi innumerevoli clienti entrare in negozio con la classifica ritagliata da uno dei tre quotidiani di cui sopra, e chiedere uno o due dei libri in classifica: per il solo fatto che erano in classifica.

Da quando le classifiche imperversano anche in Rete, tra gli scrittori la SDC è ovviamente aumentata. Quelli che vogliono farsi più male, frequentano abitualmente il sito delle librerie Feltrinelli, dov'è possibile vedere non solo la classifica dei libri più venduti nella principale catena di librerie italiane, ma anche la loro disponibilità presso i singoli punti vendita. E quando un titolo risulta essere esaurito presso la tale libreria, lo scrittore viene preso dal dubbio. "L'avranno venduto tutto o l'hanno reso? E se l'hanno venduto tutto, che cosa aspettano a riordinarlo?" Si narra anche di scrittori che per andare in classifica comprano i propri libri in determinate librerie, ovvero in quelle che vengono sentite dagli istituti di rilevazione per ottenere le classifiche, rimettendoci di tasca propria. È comunque inutile che ti consigli di pensare a scrivere, anziché badare alle classifiche. So che ci baderai anche tu. Ma occhio: perché per la SDC non si è ancora trovata alcuna cura. E le fidanzate (o i fidanzati) a volte si stancano. Poracce/i.

Detto questo, restano da aggiungere un paio di suggerimenti pratici a chi le classifiche le compila. Innanzitutto, non ha senso inserire tra i libri in classifica alla voce Narrativa Italiana anche i tascabili di narrativa italiana, visto che c'è già l'apposita voce Tascabili dove incomprensibilmente finiscono altri tascabili di narrativa italiana. Poi, sarebbe bene aggiungere alle classifiche di Narrativa Italiana, Narrativa Straniera, Tascabili, Saggistica e Varia la classifica dei Fabiofaziati, ovvero dei Libri Di Autori Ospitati Più O Meno Regolarmente Da Fabio Fazio E Che Infatti Il Giorno Dopo E Anche Quelli Seguenti Vendono Un'Enormità Di Copie. Nel ciclismo il doping viene addirittura punito, nei libri basterebbe segnalarlo. O no?

Telefonata all'ufficio stampa 1

"Pronto, buongiorno, scusi, sono Giuseppe Culicchia".

"Chi?"

"Glielo ripeto, G-i-u-s-e-p-p-e C-u-l-i-c-c-h-i-a".

"Come dice?"

"Aspetti, glielo sillabo, Como Udine Livorno Imola Como Como Hotel Imola Asti, Culicchia".

"Culicchia?"

"Sì, sono un nuovo autore della casa editrice, mi passa l'ufficio stampa per cortesia?"

"La metto un momento in attesa".

Me ne sto un momento in attesa. Sento *Yellow Submarine*.

"Sì pronto".

"Pronto, buongiorno, sono Giuseppe Culicchia".

"Chi?"

"Glielo ripeto, G-i-u-s-e-p-p-e C-u-l-i-c-c-h-i-a".

"Come dice?"

"Aspetti, glielo sillabo, Como Udine Livorno Imola Como Como Hotel Imola Asti, Culicchia".

"Ah, sì, Culicchia. Buongiorno, desidera?"

"Ecco, veramente io... volevo sapere... dato che il mio libro è uscito da quattordici giorni e non è ancora in classifica... secondo voi è possibile che mi invitino da Fazio a *Che tempo che fa*? Sa, tutti dicono che per vendere oggi sia necessario passare di lì..."

"Aspetti che le passo la capo-ufficio stampa".

Aspetto. In sottofondo sento:

"C'è Culicchia".

"Chi?"

"G-i-u-s-e-p-p-e C-u-l-i-c-c-h-i-a".

"Come dice?"

"Aspetti, glielo sillabo, Como Udine Livorno Imola Como Como Hotel Imola Asti, Culicchia".

"Ah, Culicchia. E che vuole?"

"Dice che il suo libro è uscito da quattordici giorni e non è ancora in classifica. Vuole andare da Fazio".

"Pure lui?"

"Eh".

"Me lo passi, va'".

Sento un click. Sento i *Carmina Burana*. Vengo passato alla capo-ufficio stampa.

"Buongiorno, Culicchia. Sono la capo-ufficio stampa. Che posso fare per lei?"

"Buongiorno. Ecco, veramente io... volevo sapere... dato che il mio libro è uscito da quattordici giorni e non è ancora in classifica... secondo voi è possibile che mi invitino da Fazio a *Che tempo che fa*? Sa, tutti dicono che per vendere oggi sia necessario passare di lì..."

"Fazio invita solo i Nobel".

Me ne sto un altro momento in attesa, del Nobel. Ma non arriva. "Ehm..." mi schiarisco la voce. "E invece... chessò... la Bignardi..."

"La Bignardi è molto... uhm... umorale..."

"E allora... magari... la Victoria Cabello..."

"La Cabello è molto... uhm... imprevedibile..."

"E allora chessò... un'intervista su *Vanity Fair*..."

"A *Vanity Fair* sono molto... uhm..."

Aspetto che finisca la frase.

Aspetto.

Aspetto.

Aspetto.

Poi mi rendo conto che deve essere caduta la linea.

No.

Ha proprio buttato giù.

La democrazia della Rete:
insulti aggratis

Per carità: nel dorato mondo delle Lettere ci s'insulta da sempre, anche e soprattutto tra colleghi. Basti pensare al *Dictionnaire des injures littéraires*, pubblicato in Francia da L'Éditeur e segnalato da Fabio Gambaro su *la Repubblica* del 13 ottobre 2010, ovvero all'indomani delle articolesse sulla violenza degli *hooligans* serbi allo stadio di Marassi in occasione di Italia-Serbia. Il dorato mondo delle Lettere, quanto a violenza verbale, non è da meno dei seguaci della Tigre Arkan. Prendiamo uno scrittore raffinato come Jorge Luis Borges, a proposito di Oscar Wilde: "Un signore tutto votato al misero progetto di stupire con le sue cravatte e le sue metafore". Karen Blixen su Charles Dickens: "Secondo me è noioso da morire". Matthieu Galey su Roland Barthes: "Il fallimento più riuscito della sua generazione". Ancora Galey su William Burroughs: "Il Buster Keaton dei paradisi artificiali". Paul Claudel su André Gide, il giorno della morte di questi: "La moralità pubblica ci guadagna molto, quanto alla letteratura non ci perde tanto". Un insospettabile Walter Benjamin su Charles Baudelaire: "Riunisce in sé la povertà dello straccivendolo, il sarcasmo del mendicante e la disperazione del parassita". E poi Voltaire su Cartesio: "Un felice ciarlatano". E ancora Voltaire su La Fontaine: "Il suo carattere era talmente semplice che nelle conversazioni non si mostrava mai al di sopra degli animali che faceva parlare". E Jules Renard su Stéphane Mallarmé: "Intraducibile, perfino in francese". E William Faulkner su Ernest Hemingway: "Non è mai stato famoso per aver scritto anche solo una parola che obblighi il lettore a consultare un dizionario". Virginia Woolf su James Joyce? "L'*Ulisse* mi pare un libro rozzo e volgare". Julien Green su Marguerite Yourcenar? "Una Sagan dell'antichità, un piedistallo senza la statua... quello che si scambia per marmo non è altro che strutto". Quanto a Léon Bloy, ecco che cosa pensava di Arthur Rimbaud: "Un bambino che piscia contro l'Himalaya". Non male, eh?

Oggi come oggi però vivaddio c'è la Rete. E se inserisci le parole "Rete" e "democrazia" su Google, il motore di ricerca più famoso del mondo risponde subito che "La Rete diventa una nuova metafora di democrazia", specificando che grazie a essa "si allargano le possibilità di realizzare una democrazia del popolo". Già. La Rete è una grandissima risorsa anche per chi scrive e desidera pubblicare: in fondo basta aprire un blog, cosa che almeno in parte supplisce alla mancanza di un editore. Ma non solo. Sempre stando a Google, che in materia dev'essere per forza di cose un'autorità, "la Rete, Internet, è per definizione uno strumento di delocalizzazione, in cui cadono i limiti dello spazio e del tempo e dove tutti i cittadini possono riunirsi, discutere e deliberare, come nella vecchia Agorà ateniese". Sì, certo: solo che nella vecchia Agorà ateniese se insultavi qualcuno poi ti arrivava uno sganassone, mentre in Rete ci si insulta protetti dall'anonimato, e deve certo essere una gran soddisfazione. Perché grazie alla Rete si può parlare male di chiunque e far circolare qualsiasi cosa senza metterci la faccia. Tra i massimi esempi, in questo senso, i cosiddetti blog letterari. Chiunque abbia deciso di avere abbastanza tempo libero da avventurarsi tra le pieghe dei medesimi sa che le discussioni tra letterati e/o aspiranti tali molto spesso non rasentano l'insulto ma lo centrano in pieno, e che non di rado la violenza con cui ci si accapiglia per pagine e pagine di post e contro-post sui Cannibali (lo so, trattasi di archeologia letteraria, ma fino all'altro ieri quanti post e dibattiti e articolesse) o sul/sulla New Italian Epic (ma c'è chi ritiene si tratti di un Old Marketing Trick) o sulla cosiddetta Generazione TQ fa impallidire quella esibita dai famigerati ultras nei blog dedicati al calcio, dove tutto sommato ogni tanto c'è chi si dà appuntamento da qualche parte per dirsele, e darsele, in faccia. Gli esempi si sprecano. E anche l'ironia, ovviamente corrosiva. Non a caso, nella maggior parte di queste tenzoni arriva sempre il momento in cui il moderatore o chi per lui sente il bisogno di postare qualcosa tipo: "Scusate, ragazzi, ma la discussione sta degenerando". Solo che di solito a quel punto la discussione non è che sta degenerando, è già ampiamente degenerata. Comunque.

In Rete si può far circolare impunemente qualsiasi cosa, e come l'ironia venga usata con un unico obiettivo: screditare il bersaglio di turno e automaticamente autoaccreditarsi, come se si avesse la facoltà di autopatentarsi in veste di "intellettuali" e di revocare le patenti altrui. Si dà infatti non di rado il caso di blogger e semplici "navigatori" che dopo aver insultato a ripetizione questo o quell'autore e sparato a zero su questo o quel libro se ne escono in veste di autori con un loro romanzo, confortando così i sospetti di chi si chiede, come Edika, "Perché tanto odio?". E non di rado l'impressione è che all'origine di tutto non ci siano idee opposte o comunque contrastanti di Letteratura, ma banalmente, come dire, un certo qual rosicare, o se preferisci un'invidia va da sé malcelata per il fatto che qualcun altro è riuscito a farsi pubblicare o è stato recensito o peggio che mai oltre che a farsi pubblicare e a venire recensito ha anche venduto un gran numero di copie. Un tempo gli editori erano convinti che i loro autori che si lagnavano di certe critiche ai loro occhi gratuite fossero né più né meno che paranoici. Può darsi. Oggi però le paranoie di chi scrive vengono corroborate a getto continuo proprio dalla Rete.

Dato che portare esempi altrui sarebbe scorretto, preferisco essere inelegante e portarne uno che mi riguarda. In un blog un autore delle Iene ha scritto sotto pseudonimo che il mio *Tutti giù per terra* è un romanzo che "fa cagare" [sic] anche se "ha venduto uno sfracello di copie". Ecco. Ora, dipende dal carattere di ciascuno, ma in genere è difficile che il bersaglio di turno non ci rimanga un po' male. Magari ha lavorato a un romanzo per anni, in certi casi come usa dire con un po' di enfasi "sputando sangue", raccontando pure i fatti propri e giocandosi l'amicizia di un tot di persone (non perché ne ha scritto, ma perché *non* ne ha scritto), dopodiché il libro esce e chiunque può non solo sconsigliarne la lettura in un paio di righe, guardandosi bene dall'argomentare le sue ragioni va da sé legittime, ma proprio insultarlo e senza metterci la faccia.

Se posso darti un consiglio, ad ogni modo, non prendertela. Lo so, chi scrive ha un ego smisurato e vorrebbe piacere a tutti. Ma piacere a tutti non si può. E visto che prima o poi chiunque scriva è destinato a ricevere non solo un tot di critiche ma anche un tot di insulti, il mio invito è: vatti a leggere Sarah. È grazie a Sarah che io ho smesso di prendermela per questo genere di cose. Sarah, sul sito Ibs, un giorno ha postato il seguente commento su *La strada* di Cormac McCarthy, Premio Pulitzer e capolavoro assoluto dello scrittore americano (sull'*Indice dei libri del mese* c'è chi l'ha recensito scrivendo che si tratta del romanzo più importante del nuovo secolo, tra quelli usciti finora; io mi voglio allargare e scrivo senza timore che è tra i romanzi più importanti tra quelli prodotti da quando esiste la letteratura):

Uno dei peggiori libri che abbia mai letto, voto uno perché zero non c'è, freddo, catastrofico, pagine tutte uguali, pochezza nelle parole e nella storia, se uno non ha niente da dire non è obbligatorio che scriva.

Hai letto bene. Se uno non ha niente da dire non è obbligatorio che scriva. Non male, eh? Se uno non ha niente da dire non è obbligatorio che scriva. Se uno non ha niente da dire non è obbligatorio che scriva. *Se uno non ha niente da dire non è obbligatorio che scriva.* Riferito a *La strada*, di Cormac McCarthy. Beh, per quanto mi riguarda, colgo l'occasione per ringraziare Sarah dal profondo del cuore. E penso di poterlo fare a nome di tutti quelli che, scorrendo i commenti ai propri libri che escono quotidianamente su Ibs o su Anobii o comunque in Rete, ci sono rimasti male per via di certi giudizi un filo *tranchant*, fino a sviluppare vere e proprie manie di persecuzione e diventare a tutti gli effetti, al di là dei preconcetti dei rispettivi editori, dei veri paranoici. Grazie Sarah. D'ora in poi chiunque si vedrà pubblicare un libro vivrà senza alcuno stress la lettura ai commenti sul suo lavoro. E a te e anche a quella tipa che coraggiosamente si nasconde dietro lo pseudonimo Kafkaontheshore che alle dieci di mattina del giorno dell'uscita del mio romanzo *Venere in metrò* ha postato un'argomentata, articolata e approfondita recensione su Anobii che diceva "Attenzione: cagatona galattica", ecco, mi permetto di ricordare che se uno non ha niente da dire non è obbligatorio che scriva. Nemmeno in Rete.

Restano ancora da riportare due o tre battute illuminanti per comprendere i traumi psicologici patiti da chi pubblica uno o più libri nel momento in cui s'imbatte in codeste stringate ma inequivocabili recensioni on-line. Silvia Ballestra: "La Rete è ancora uno sfogatoio. Matti che scrivono cose da matti, con astio". Chiara Gamberale: "Trovo grottesco usare la Rete come strumento di frustrazione e d'invidia: tanto più se protetti dall'anonimato o da pseudonimi. Anni fa, fra le forme che prende il mio masochismo, c'è stata quella di andare a spulciare ovunque, anche nel più sconosciuto dei blog, in cerca di offese che potessero riguardarmi". Alessandro Piperno: "Un vizio che non ho più è andare a controllare quello che scrivono di me in Rete. Da quando ho smesso, mi sento pulito".

La promozione

Francesco Piccolo una volta mi ha detto di aver capito che la vita di uno scrittore è fatta di anni buoni e anni meno buoni. Gli anni buoni sono quelli in cui lo scrittore scrive. Gli anni meno buoni sono quelli in cui lo scrittore deve occuparsi della promozione di ciò che ha scritto. Ovvero, come si è detto, andare in giro per l'Italia e/o per l'Europa e/o per il mondo a presentare il suo nuovo romanzo, e partecipare in veste di ospite a trasmissioni televisive e radiofoniche, e a iniziative tipo la colazione con l'autore, l'aperitivo con l'autore, la grigliata con l'autore o il parapendio con l'autore eccetera.

Già, perché a meno di non optare per scelte estreme sulla falsariga di certi americani tipo J.D. Salinger buonanima o Thomas Pynchon, ovvero negarsi al mondo, oggi come oggi i contratti editoriali prevedono che lo scrittore oltre a scrivere e a consegnare il libro nei tempi concordati debba anche impegnarsi nella promozione del medesimo. La cosa ha diversi aspetti positivi. Innanzitutto perché così lo scrittore mette il naso fuori dalla sua cucina o dal suo studio, che talvolta coincidono. Poi perché leggendo le proprie pagine in pubblico lo scrittore può rendersi conto dal vivo dell'effetto che fanno sulla platea. Poi perché così ha la possibilità di incontrare i suoi lettori, e di dialogare con loro. Tuttavia, esistono anche risvolti negativi: la promozione si porta via un mucchio di tempo e di energie, e anche se giri l'Italia con il tuo portatile nella borsa tentando di scrivere qualche pagina tra una stazione e un aeroporto non sarà mai come farlo nella tranquillità e nell'isolamento del tuo ambiente di lavoro abituale, si tratti della cucina o dello studio. Quando scatta l'ora della promozione c'è perfino chi rinuncia a scrivere del tutto. Altri non ci riescono o magari non possono, e spesso per loro si tratta di venire a capo di un periodo più o meno lungo di paragrafi e capitoli iniziati e interrotti e ripresi e di nuovo interrotti e poi ancora ripresi eccetera, senza la possibilità di darsi quella continuità e concentrazione che sono alla base di tutto. Ma questo è, e d'altronde sarebbe molto peggio non ricevere alcun invito a presentare il proprio libro: significherebbe che nessuno ha alcun interesse a farlo.

Alla vigilia della promozione può darsi che l'editore decida di convocare una riunione per stabilire le strategie promozionali. Nel caso di una Brillante Promessa ovvero di un esordiente è rarissimo se non impossibile che l'autore venga chiamato a parteciparvi. Ad ogni modo oltre alla promozione che l'autore è tenuto a fare in prima persona c'è quella eventualmente messa in campo dall'editore, che può assumere diverse forme. Dalla pubblicità sui giornali a quella sul Web per mezzo di canali come Twitter, Facebook o YouTube, dal far circolare le bozze del libro tra le redazioni culturali almeno un mese prima dell'uscita in libreria al noleggio di un aereo che sorvoli le spiagge trainando uno striscione col titolo del romanzo. Una cosa che può fare l'editore è affittare la vetrina di una o più librerie, così che i passanti pensino che deve davvero trattarsi di un libro importante, visto che occupa tutto quello spazio. Com'è che si dice? Beata ingenuità. In ogni caso, qualsiasi cosa faccia l'editore per l'autore e per il suo ego va da sé ingombrante non sarà mai abbastanza. E la Brillante Promessa impara subito a pensare che beh, in effetti si sarebbe potuto, anzi, dovuto fare di più. L'editore ti manda dalla Bignardi? Però tu contavi di finire da Fazio. Finisci da Fazio? Però contavi molto sulla Bignardi. Quando uscì *Tutti giù per terra*, al posto di Fazio e della Bignardi c'era il *Maurizio Costanzo Show*. Che all'epoca faceva vendere come Fazio e la Bignardi messi assieme. E sarò sempre grato al mio editore di allora, Gianandrea Piccioli, per non aver fatto alcuna pressione perché ci andassi. Una cosa per nulla scontata. Perciò, se mai tu fossi uno che anche a fronte di un invito preferirebbe per una qualche misteriosa ragione dire di no a Fazio o alla Bignardi, ti auguro di trovare un editore altrettanto comprensivo.

Della promozione fa parte anche il cosiddetto materiale promozionale. Si va dalle semplici cartoline raffiguranti la copertina del libro, che l'editore può decidere di stampare e spedire in un tot di librerie oppure di inviare via mail alla sua *mailing list*, ai segnalibri o ai cartonati dove spesso l'autore compare in scala 1:1, immortalato da un fotografo che gli ha chiesto di avere un'aria naturale mentre regge o abbraccia o si appoggia a una copia gigantesca del suo libro in modo del tutto innaturale, così da far vedere per bene la copertina.

C'è poi il capitolo nuove tecnologie. Io che non avrei mai pensato di iscrivermi a Facebook, alla fine ho deciso di farlo per la promozione di *Venere in metrò*, usando col permesso di Valentina Mazzoccato la pagina Facebook che lei aveva aperto su di me perché apprezzava i miei libri. Anche se Valentina me l'ha spiegato più volte, ancora non ho capito come si fanno i link agli articoli che escono in Rete, ma prima o poi ci arriverò. Una cosa che invece non farò è iscrivermi a Twitter per promuovere i miei libri anche lì. Io non sono in grado di scrivere su Twitter. Non ho qualcosa di intelligente e sarcastico e interessante e brillante da dire su tutto lo scibile umano in centoquaranta caratteri e ogni tre minuti. Per me escogitare anche solo un pensierino al giorno da postare su Twitter sarebbe un secondo o terzo lavoro. Non me lo posso permettere. Non sono abbastanza intelligente e sarcastico e interessante e brillante e cool e paracool e pop.

Insomma: per quanto riguarda la promozione, come si dice scoprirai che non sono sempre rose e fiori. Anche se poi certo dipende dalle circostanze che di volta in volta si verificano, e dal tuo carattere. Doti come l'abnegazione, la pazienza e lo stoicismo per esempio aiutano molto. In determinati casi tuttavia possono anche rivelarsi controproducenti, perché non di rado c'è chi abusa dell'abnegazione, della pazienza e dello stoicismo dell'autore. Che però è sempre tenuto a ringraziare: come si è detto, ogni anno escono in Italia 55.000 libri, e non è per nulla scontato che qualcuno inviti proprio te a presentare proprio il tuo.

Seconda classe

Preparati. Se proprio vuoi fare lo scrittore, preparati. Ma preparati sul serio. Perché le ferrovie italiane, specie in provincia, sono quello che sono. E dopo l'uscita del libro, con l'inizio della promozione, se tutto va bene passerai molto più tempo di quanto non ti saresti mai immaginato sui treni che percorrono in lungo e in largo il cosiddetto Stivale. Lì per lì a dire il vero sarai tentato di spostarti in auto. Ma poi ti dirai che è meglio il treno: in treno uno scrittore può scrivere, leggere, fantasticare guardando il panorama che scorre al di là del finestrino, tutte cose che ti daranno l'impressione di utilizzare al meglio il tempo dedicato agli spostamenti, un tempo destinato a crescere, se il tuo libro ha successo o comunque trova un pubblico, e a sottrarti dall'isolamento che comporta per forza di cose la scrittura.

D'altronde, ogni presentazione implica la possibilità di farti conoscere, e di vendere qualche copia. Sempre che alla presentazione si presenti qualcuno, e che dopo averti sentito parlare di ciò che hai scritto gli eventuali convenuti decidano che vale davvero la pena di leggerlo. Di solito, infatti, ci si mette in viaggio ignari di come andranno le cose: scrivo di solito perché nel mondo dell'editoria circolano racconti leggendari di Soliti Stronzi e Venerati Maestri che escono di casa solo dopo aver ricevuto la garanzia che gli organizzatori della presentazione compreranno comunque due o trecento copie della loro ultima fatica. Per te, che in quanto Brillante Promessa sarai all'esordio, tutto ciò sarà semplicemente impensabile. Per cui dovrai uscire di casa consapevole che nel peggiore dei casi sarai andato chessò, da Trento a Taranto, per trovarti di fronte a due o tre persone soltanto, e senza vendere nemmeno una copia, anche perché si tratta di parenti degli organizzatori che già si sono trovati lì per cortesia nei confronti dei medesimi e per non far fare loro brutta figura, e ci mancherebbe pure che dopo aver rinunciato alla partita di Champions League si ritrovassero a spendere un tot di euro per comprarsi il tuo libro.

Si diceva dunque delle ferrovie. Ebbene, sappi che prima o poi ti inviteranno per esempio a Perugia, e a meno che tu non sia di Perugia scoprirai quanto sia difficile raggiungere Perugia, quale che sia la stazione di partenza. A proposito di stazioni: apprenderai tra l'altro che in Italia, in Umbria, non distante da Perugia, esiste quella di Terontola. E se ti capiterà di dover cambiare treno a Terontola, scoprirai che cosa significa avere a che fare con eventuali ritardi o soppressioni o mancate coincidenze in una stazione come quella di Terontola. Inutile che ti descriva qui le sensazioni che proverai. Preferisco non guastarti la sorpresa.

In ogni caso, in quanto Brillante Promessa, viaggerai in seconda classe. E all'inizio, a meno che di nascita o per carattere tu non abbia la puzza sotto il naso, sarai perfino bizzarramente orgoglioso di farlo. Poi però ti ritroverai davvero con la puzza sotto il naso, perché spesso in seconda classe gli odori non sono solo metaforici. Per tacere della presenza sul tuo stesso sedile o nel tuo stesso scompartimento o perlomeno vagone o anche solo convoglio di eventuali cimici, pulci, pappataci e simili. E per tacere del riscaldamento che d'inverno può anche non funzionare. E per tacere dell'aria condizionata che d'estate può anche essere fuori uso. E per tacere dei gabinetti che sia d'inverno sia d'estate possono anche essere inagibili perché chiusi a chiave e/o intasati. E per tacere del vagone ristorante che può anche aver terminato le scorte di cibo e di bevande malgrado il convoglio non abbia percorso che la metà del suo tragitto. E per tacere dell'unico sportello chiuso e della biglietteria automatica rotta. E per tacere dell'unico sportello chiuso e della biglietteria automatica rotta sei stato costretto a fare il biglietto sul treno pagando una soprattassa di cinquanta euro. E per tacere dell'arroganza con cui il personale viaggiante ti fa presente che malgrado sul treno non ci sia nemmeno un posto a sedere tu non puoi rimanere a sedere nel vagone ristorante dopo aver consumato eventuali cibi o bevande, ragion per cui devi rassegnarti a viaggiare in piedi in uno dei corridoi intasati da altri scrittori impegnati nei rispettivi tour promozionali. E per tacere di tutte le volte che il locomotore si guasta proprio nel bel mezzo di una galleria. E per tacere delle turiste/dei turisti inglesi molto molto molto carine/i che salgono a Firenze sempre in un vagone diverso dal tuo. E per tacere che comunque mica sei in viaggio di piacere. E per tacere.

La presentazione

Naturalmente la prima volta sarai un filo nervoso. Naturalmente lo sarai anche la millesima, ma non puoi immaginarlo. Naturalmente sarai un filo nervoso perché non ti era ancora mai capitato di dover parlare in pubblico del libro che hai scritto e nemmeno di rispondere a domande sul medesimo poste da sconosciuti. Naturalmente ti renderai conto, non subito ma molto presto, che non c'è niente di peggio che ritrovarsi a presentare in pubblico il proprio libro in una libreria o in un teatro o in un centro sociale o in un festival o in una fiera all'interno di uno spazio così concepito: tu e il tuo presentatore in alto, sul palco; il pubblico in basso, in platea, a non meno di dieci metri di distanza. Naturalmente nessuno si sarà premurato di dirtelo, ma una volta giunto sul luogo della presentazione noterai che sul palco, accanto alle due sedie destinate a ospitare te e il tuo presentatore, c'è un leggio. Ma non è per te. È per l'attore locale o lo studente di un qualche corso di recitazione che leggerà alcuni brani tratti dal tuo romanzo. Dove c'è un leggio c'è anche sempre un attore locale o comunque uno studente iscritto a un qualche corso di recitazione pronto a leggere alcuni brani tratti dal tuo romanzo. Che non sono mai quelli che leggeresti tu. Naturalmente, non avevi mai fatto caso al tipo di lettura cui viene sottoposto in genere un testo quando finisce nelle mani di un attore locale o di uno studente iscritto a un qualche corso di recitazione. Naturalmente, non appena l'attore locale o lo studente di un qualche corso di recitazione apre bocca e inizia a massacrare i brani del tuo romanzo declamandoli come Carmelo Bene alle prese con l'*Adelchi*, peccato che lui non sia Carmelo Bene e che tu non abbia scritto l'*Adelchi*, vorresti morire. E anche se sei timido di natura e temi di arrossire, preferiresti in ogni caso poter leggere tu stesso le pagine che hai scritto, perché magari non le leggi benissimo ma se non altro non le leggi come le legge un attore locale o uno studente iscritto a un qualche corso di recitazione. Naturalmente, ci si aspetta che tu sia felice che le tue pagine vengano lette da un attore locale o da uno studente di un qualche corso di recitazione con un tono che dire impostato è dir poco e che ricorda Carmelo Bene alle prese con l'*Adelchi*. Naturalmente, chi incontra lo scrittore nelle varie tappe della promozione pone allo scrittore più o meno sempre le stesse domande. Naturalmente, chi incontra lo scrittore nelle varie tappe della promozione non ha mai posto prima allo scrittore quelle domande. Naturalmente, lo scrittore è tenuto a rispondere alle domande sempre uguali che vengono fatte allo scrittore come se nessuno gliele avesse mai fatte prima di quel momento, tenendo presente che chi gliele sta facendo gliele sta facendo per la prima volta. Naturalmente, lo scrittore può anche aver scritto la storia di un orsetto polare ermafrodita rapito da un'astronave piena di alieni trans che hanno raggiunto il pianeta Terra perché a caccia di *peluches* viventi per le loro camerette fucsia, ma in ciascuna presentazione lo scrittore si sentirà sempre fare questa domanda:

"Buonasera, io volevo chiedere all'autore, sì, insomma, fino a che punto il suo libro è autobiografico?"

Naturalmente, quando sarai ormai diventato un Solito Stronzo, scoprirai che l'altra domanda classica nel caso in un passato anche molto lontano uno dei tuoi libri sia diventato un film è:

"Buonasera, io volevo chiedere all'autore, sì, insomma, che cosa ne pensa del film che hanno tratto dal suo romanzo?"

Naturalmente, poi, in ogni presentazione che si rispetti c'è sempre quello che ti chiede:

"Senta, buonasera, io volevo chiederle: che cosa ne pensa lei del futuro del libro cartaceo alla luce di tutti questi eBook?"

E poi c'è anche sempre quello che fa la domanda-non-domanda, ossia si produce in un lungo monologo teso a sfoggiare le proprie letture e la propria erudizione e la propria cultura e quindi la propria superiorità nei confronti dell'autore di turno: e scrivo "di turno" non a caso, perché chi pone la domanda-non-domanda partecipa a *tutte* le presentazioni di *tutti* gli autori che gli capitano a tiro, nessuno escluso, e a ciascuno di loro dice sempre le stesse cose. Naturalmente, infine, c'è anche sempre la domanda del pazzo, o di quello che il presentatore che siede di fianco allo scrittore definisce come tale quando, terminata la domanda del pazzo in questione, lo scrittore si guarda attorno smarrito e il presentatore si sente in dovere di rassicurarlo e perciò gli sussurra: "Non ti preoccupare, noi che siamo del posto quel tipo lo conosciamo, è un pazzo". Cosa che però non sempre rassicura lo scrittore, visto che lui non è del posto e non sa fino a che punto il pazzo sia tale. In ogni caso il pazzo c'è sempre, e il pazzo fa sempre la sua domanda, a cui lo scrittore deve sempre rispondere, talvolta magari non rispondendo, perché dopotutto anche non rispondere è un modo di rispondere. Però tieni presente che è un filo rischioso, trattandosi di un pazzo.

Storia locale

Sappi anche questo, già che ci siamo: dovunque andrai, chiunque ti inviterà penserà di farti cosa graditissima regalandoti al termine della presentazione due o tre tomi rilegati e corredati di fotografie in bianco e nero e a colori in formato un metro per due e pesanti venti chili l'uno in cui lo storico locale, che c'è sempre, ha ritenuto di raccontare la storia locale, che è sempre molto, molto, molto interessante. Non c'è modo di scampare ai volumi di storia locale scritti dagli storici locali della località in cui ti troverai a presentare il tuo libro, perciò rassegnati. Tu probabilmente preferiresti ricevere in dono un cesto di prodotti alimentari locali, o una cassa di vini locali, o al limite anche un bel niente, sempre locale, s'intende. E a volte succede. Ma ai volumi di storia locale scritti dallo storico locale non si scampa. E non potendo fingere di dimenticarli in albergo la mattina dopo al momento della partenza, perché dopotutto la cameriera che si occuperà di rifare la camera potrebbe benissimo essere la moglie o la figlia o la nuora o anche un'ex allieva dello storico locale, e non volendo buttarli in un cestino della stazione un attimo prima della partenza, prima perché i libri non si buttano, poi perché nessun cestino è abbastanza capiente da contenere i volumi di storia locale scritti dagli storici locali, e infine perché alla pari della cameriera anche l'addetto alle pulizie della stazione potrebbe essere il fratello o il figlio o il cugino o al limite un ex allievo dello storico locale, se non lo storico locale in persona, finirai per ripartire dalla località dove hai presentato il tuo libro zavorrato dai volumi di storia locale scritti dallo storico locale sulla località medesima. I più cinici fingono di dimenticarli sul treno una volta tornati alla stazione di partenza. Altri, compassionevoli, se li trascinano fino a casa senza sapere che nessuna casa può essere ragionevolmente abbastanza grande da contenere in prospettiva tutti i volumi di storia locale ricevuti in omaggio da uno scrittore nel corso della sua pur breve carriera. Altri ancora, e qui cito l'esempio di un amico scrittore di cui non rivelerò il nome per evitargli rappresaglie da parte degli storici locali che incontrerà da qui in avanti, regala tutti i volumi di storia locale alla biblioteca del suo quartiere. *Requiescat in pacem*.

A me di recente è capitato di ricevere in dono un grosso volume riccamente illustrato sulla storia locale di una nota località di villeggiatura. A omaggiarmelo è stato non lo storico locale in persona, ma il sindaco della nota località di villeggiatura. E come faccio sempre, l'ho ringraziato. Più tardi, in albergo, dato che non riuscivo a prendere sonno ho aperto il volume. E dopo aver letto la dedica fattami dal sindaco sul frontespizio del medesimo, ho girato pagina. Trovando un'altra dedica, fatta da un illustre visitatore proprio al sindaco. Non male, eh?

A cena con l'autore

Lo so, se te l'avessero detto prima forse non avresti nemmeno iniziato a scrivere, oppure ti saresti riservato di lasciare i tuoi scritti agli eredi, perché ne curassero loro, eventualmente, la pubblicazione. Ma se per caso stai leggendo queste righe, non potrai più accampare scuse di questo tipo, per il semplice fatto che sto per dirtelo. Dirti che cosa?, ti chiederai. Ma è ovvio: che dopo la presentazione di qualsiasi libro, segue la famosa "cena con l'autore".

Intendiamoci. L'autore lì per lì è ben contento di partecipare alla cena con l'autore. A quel punto della serata ha fame, e ha voglia di sedersi a tavola, e di bersi un bel bicchiere di vino, ed è sinceramente grato agli organizzatori per il fatto che abbiano pensato anche alla cena con l'autore. Per raggiungere in treno o in aereo il luogo della presentazione, l'autore magari è uscito presto di casa. Per sfamarsi durante il viaggio, l'autore ha sperimentato la *haute cuisine* delle ferrovie o delle linee aeree italiane, a meno che non sia stato così astuto da portarsi un panino al prosciutto da casa. E prima di affrontare la presentazione, l'autore ha altresì sperimentato la chiusura del proprio stomaco. Poi però la presentazione si è conclusa, nei casi più fortunati con la cerimonia delle dediche e degli autografi, che indipendentemente dalla qualità del libro può durare da mezzo minuto a diverse ore, per esempio nel caso in cui l'autore sia diventato autore dopo aver condotto un qualche programma in televisione, oppure sia semplicemente stato intervistato qualche giorno prima da Fazio a *Che tempo che fa*. Perciò, dedicata e autografata l'ultima copia, ecco che scatta quello che per gli organizzatori è il vero *clou* della serata.

È bene dire subito che la qualità dei locali e dei piatti presenta numerosissime varianti, si va dall'orrore all'eccellenza a seconda dei casi e dei gusti, ma alcune cose sono in linea di massima costanti. Per esempio, è molto probabile che chi a tavola siede accanto all'autore sia armato, nel senso che porti con sé il famoso "romanzo nel cassetto" da dare all'autore nella speranza che questi provveda in un modo o nell'altro alla pubblicazione, romanzo che anziché rimanere nel cassetto ora sta nel piatto dell'autore, talvolta non solo metaforicamente. Poi, anche se l'autore a quel punto ha solo voglia di rilassarsi, perché dopotutto prima di esibirsi sul palco della presentazione e di sopportare non si sa come la lettura delle pagine del suo libro da parte dell'attore o dello studente del corso di recitazione di turno, ha fatto svariati chilometri, magari alzandosi anche molto presto la mattina per essere lì, e scampando per un pelo a scioperi del personale viaggiante e dei controllori di volo e a incidenti vari, nessuno dei commensali se ne dà per inteso e tutti attaccano simultaneamente a fare domande su domande all'autore, domande che avrebbero benissimo potuto fare nel corso della presentazione ma che in realtà non hanno fatto proprio per farle al momento della cena con l'autore, di modo che l'autore di regola non riesce nemmeno a dare un'occhiata al menù e finisce per prendere quello che capita.

Certo ci si può sempre comportare come Bret Easton Ellis alla Piola di Alba, ristorante di livello eccezionale e dai prezzi conseguenti. Ovvero, ordinare Barolo e proseguire con lo Champagne per poi gustare tutti i piatti più cari del menù. Ma se non sei Bret Easton Ellis non è detto che ti permettano di farlo. O che ti portino alla Piola di Alba. Comunque, una volta a cena con l'autore tutti continuano a fare ogni sorta di domande all'autore, non di rado ponendogli quesiti identici a quelli cui l'autore aveva già risposto durante la presentazione, e l'autore, che, non dimentichiamocelo, a questo punto della sua carriera o carrierina o carrierona è pur sempre un esordiente, e dunque una Brillante Promessa, di solito fa del suo meglio per soddisfare più o meno educatamente le curiosità di tutti.

"E... perché scrivi?"

"E... è vero che gli scrittori scrivono soprattutto di notte?"

"E... è vero che mentre scrivono di notte gli scrittori bevono molti caffè?"

"E... è vero che gli scrittori mentre scrivono di notte e bevono molti caffè fumano anche molte sigarette?"

"E... anche tu giri sempre con un quadernetto Moleskine come faccio io e prendi appunti?"

"E... i tuoi come l'hanno presa quando hanno letto quello che hai scritto, voglio dire le parti sessuali?"

"E... come ti viene l'ispirazione?"

"E... l'hai mai avuto il blocco dello scrittore?"

"E... che cosa fai a parte scrivere?"

"E... che ne pensi di Baricco?"

"E... di Paolo Giordano?"

"E... hai firmato a sostegno di *Gomorra*? Cioè, volevo dire, di Roberto Saviano?"

"E... come mai non sei ancora andato da Fazio?"

"E... la Bignardi la conosci di persona?"

"E... che cosa ne pensi del *Grande Fratello*?"

"E... ce l'hai la ragazza e se ce l'hai che cosa fa, scrive anche lei?"

"E... fino a che punto quello che hai scritto è autobiografico?"

"E..."

Risultato: l'autore di norma è il solo tra i partecipanti alla cena con l'autore che non riesce a mangiare durante la cena con l'autore.

In albergo

Dopo la cena con l'autore di solito l'autore viene riaccompagnato in albergo, a meno che non vogliano essere ancora più gentili e portarlo ad ammirare le bellezze del luogo, si tratti delle Pale di San Martino o dei Faraglioni di Capri o delle casette prefabbricate per i terremotati dell'Aquila o del nuovo centro commerciale sorto di fianco alla tangenziale per Vicenza. In realtà si tratta di una tecnica collaudata per vederlo arrancare con i volumi di storia locale sotto un braccio e fargli ancora qualche domanda.

"E... tu ce l'hai un blog?"

"E... che suggerimenti mi puoi dare per arrivare alla pubblicazione?"

"E... che ne pensi dei libri in formato elettronico?"

"E... credi che i libri in formato elettronico faranno sparire quelli di carta?"

"E... tu riesci a vivere di scrittura?"

"E... che ne pensi di Berlusconi?"

"E... fino a che punto quello che hai scritto è autobiografico?"

"E..."

Sia come sia, prima o poi l'autore riesce a salutare i gentili partecipanti alla cena con l'autore e a mettere piede in albergo. E l'albergo, come già il ristorante, può essere orribile o stupendo, cosa che molto spesso non dipende affatto dal numero di stelle. Tra le decine, ma che dico, centinaia, anzi no, migliaia di alberghi in cui sono stato sistemato per la notte ricordo un record negativo in provincia di Brescia, dove mi capitò di essere l'unico ospite di un gennaio nevoso e di dormire vestito perché erano scoppiate le tubature e si era rotto il riscaldamento, e un picco positivo a Napoli, dove mi venne assegnata una suite con vista sul golfo e terrazzino e vasca con idromassaggio. Nel mezzo, di tutto: dal Grand Hotel in riva al lago dove sarei voluto tornare in vacanza all'albergo nei pressi del Parlamento dove ho condiviso un ascensore con Niccolò Ghedini, passando per una vecchia e fascinosa locanda austroungarica a Gorizia e lo stupendo Hotel Carmine a Marsala, in assoluto quello con la miglior colazione d'Italia, per tacere della bellezza retrò delle stanze, dello stupendo salone comune con caminetto e bar e del giardino con tanto di palme.

C'è una cosa però che accomuna tutti gli alberghi, dal Brennero a Lampedusa: una volta lasciati i documenti al *concierge* e firmato il foglio che attesta il pernottamento in ossequio alle leggi contro il terrorismo, l'autore passa la prima mezz'ora in stanza a capire come si fa a spegnere l'aria condizionata. Dopodiché dà un'occhiata al frigobar, ammesso che ci sia, tanto per fare perché ha già deciso di non prendere niente, visto che gli extra sono a suo carico e un autore che si rispetti non paga mai. Dopodiché, espletate alcune funzioni corporee, l'autore cerca di addormentarsi malgrado le domande a cui è stato sottoposto nel corso delle ultime cinque ore, che chissà perché continuano a martellarlo in testa non appena chiude gli occhi.

"E... hai mai scritto poesie?"

"E... hai mai scritto testi di canzoni?"

"E... hai mai scritto una cosa che poi non hai finito di scrivere?"

"E... che ne pensi dell'ultima polemica tra la Benedetti e Cortellessa?"

"E... che ne pensi di Beppe Grillo?"

"E... che ne pensi di Roberto Saviano?"

"E... fino a che punto quello che hai scritto è autobiografico?"

"E..."

Sex & Drugs & Rock'n'roll

"E ti dico, mentre questa tipa sui cento chili mi intervistava sull'ultimo romanzo, non riuscivo a staccare gli occhi da una rossa seduta in prima fila accanto all'organizzatore, capelli mossi, occhi blu, spalle e braccia e gote coperte da un milione di lentiggini".

"Figa?"

"Di più. Oltretutto io le adoro, le lentiggini. E anche lei mi guardava in modo... molto insistente, ecco".

"Beh, eri l'autore ospite".

"Comunque: un cane di attore legge qualche pagina dal libro come se recitasse il discorso di Marco Antonio alla morte di Cesare, e vedo che la rossa si sporge dal suo posto per chiedere qualcosa all'organizzatore. Mentre gli parla all'orecchio continua a guardarmi. Anche l'organizzatore mi guarda, quando le risponde. Tra l'altro lui era palesemente frocio. Comunque dopo che lui le ha risposto lei gli sorride e lo ringrazia, con l'aria soddisfatta".

"E poi?"

"E poi la presentazione finisce, e come sempre ci sono le firme e la rossa viene da me e mi chiede una dedica dicendomi di chiamarsi Tatjana, e dall'alto del suo milione di lentiggini mi fa: è vero che ti portano a cena all'Abracadabra?"

"E tu?"

"E io le spiego che non lo so perché nessuno mi ha ancora detto dove mi porteranno, e allora lei si limita a sorridermi enigmatica e se ne va".

"Salvo poi farsi trovare all'Abracadabra, giusto?"

"No. Perché poco dopo, quando effettivamente scopro che mi hanno portato proprio lì, lei non c'è. Siamo solo noi tre, io, l'organizzatore e la tipa che mi ha presentato, e della rossa nessuna traccia nemmeno ai tavoli vicini".

"Quindi amen?"

"Aspetta. L'organizzatore e la tipa che mi ha presentato attaccano a farmi le solite domande che tutti fanno all'autore quando lo portano a cena, impedendomi di mangiare. Dopodiché la cena volge al termine e allora la tipa che mi ha presentato mi saluta e l'organizzatore mi accompagna in albergo".

"Niente giro turistico tra le bellezze del posto, tra cui magari la rossa?"

"Niente. Davanti all'albergo saluto l'organizzatore, che per i miei gusti mi stringe la mano un po' troppo a lungo, dopodiché entro, lascio il documento al portiere di notte e firmo il solito foglietto. Quindi salgo in camera e una volta risolto l'enigma dell'aria condizionata vado in bagno a lavarmi i denti. Solo che a quel punto sento bussare qualcuno".

"Ci sono: la rossa aveva chiesto all'organizzatore anche dove ti avrebbero messo in albergo!"

"È quello che ho pensato avviandomi alla porta. Perciò la spalanco con un sorriso grosso così, e indovina chi mi ritrovo davanti?"

"Aspetta: non dirmelo... l'organizzatore?!"

"No. La tipa che mi aveva presentato. Anziché un milione di lentiggini, cento chili di carne".

Festival, eventi e dibbbattiti
da Brillante Promessa

In veste di Brillante Promessa, scoprirai ben presto che del dorato mondo delle Lettere fa altresì parte un abnorme, impressionante giro di festival ed eventi e dibbbattiti, tanto più inspiegabile se si pensa che la lettura non è esattamente l'attività preferita dagli italiani, ma tant'è: del resto, l'Universo contiene ancora un discreto numero di misteri. Da questo punto di vista, il maggior produttore nazionale è senza dubbio il Salone del Libro di Torino, dove di anno in anno ci si sforza disperatamente di superare il record di eventi e dibbbattiti dell'anno precedente, così da poterlo annunciare a beneficio dei giornalisti in occasione di quello che per gli organizzatori è il vero evento *clou* della manifestazione, ovvero non la ricorrente lectio magistralis di Umberto Eco o la rinnovata epifanìa di Roberto Saviano ma l'interminabile conferenza stampa finale al cospetto di banchieri e assessori.

"E quest'anno, vorrei sottolineare che abbiamo organizzato più di ottocento tra eventi e dibattiti..."

"E quest'anno, ci tengo a sottolinearlo, abbiamo organizzato più di novecento tra eventi e dibattiti..."

"E quest'anno, lasciatemelo sottolineare, abbiamo organizzato più di mille tra eventi e dibattiti..."

"E quest'anno, fatemelo sottolineare, abbiamo organizzato più di diecimila tra eventi e dibattiti..."

"E quest'anno, permettetemi di sottolinearlo, abbiamo organizzato più di un milione tra eventi e dibattiti..."

Infatti, se la crescita del numero di visitatori, vero e proprio totem per i vertici del Salone e massima garanzia per la riconferma dei vertici medesimi e dei finanziamenti da parte di sponsor pubblici e privati della cosiddetta kermesse, è un dato da tempo crescente ma bene o male imprevedibile e dunque suscettibile di variazioni anche indesiderate, magari dovute a fenomeni climatici o a cortei di manifestanti, si può almeno mettere al sicuro l'altro dato riguardante il numero di eventi e dibbbattiti, nella speranza che questo comporti di per sé il contestuale aumento del numero dei biglietti staccati. Il secondo polo industriale italiano, per quanto riguarda il settore eventi e dibbbattiti, è com'è noto il Festival di Mantova, a sua volta portato a incrementare di anno in anno la già generosa offerta in fatto di scrittori ospiti. Seguono a ruota tutti gli altri festival, da Pordenone a Viterbo passando per Gavoi.

In quanto Brillante Promessa, il vantaggio sta nel fatto che da te non ci si aspetterà granché oltre al fatto di poterti infine vedere in faccia, per la serie "Voglio proprio vedere che faccia ha, questa Brillante Promessa della Letteratura Italiana". Potrai dunque cercare di cavartela con poco, magari cercando di risultare "spiazzante", sia che ti ritrovi invischiato in un dibbbattito sulla morte del romanzo occidentale sia che tenti di sopravvivere a un dibbbattito sulla nuova narrativa italiana. A seconda di ciò che hai scritto, potrai assumere posizioni anche molto nette. Se per esempio sei arrivato alla pubblicazione con un romanzo storico, potrai affermare apoditticamente che oggi come oggi viviamo nell'epoca dell'inesperienza e che dunque si possono scrivere solo romanzi storici. Se invece sei arrivato alla pubblicazione con un romanzo scritto a partire da un fatto di cronaca, potrai sostenere altrettanto apoditticamente che oggi come oggi si possono scrivere solo romanzi che prendono spunto da fatti di cronaca. Cerca solo di ricordarti che cosa hai detto nel caso in seguito pubblicassi un secondo romanzo che si discosta dal precedente: Antonio Scurati, per esempio, ha sostenuto che si potevano scrivere solo romanzi storici dopo aver scritto un romanzo storico, salvo poi sostenere che si potevano scrivere solo romanzi che prendono spunto da fatti di cronaca dopo aver scritto un romanzo che prendeva spunto da un fatto di cronaca.

Cerca poi di informarti su quale sia l'ultima moda letteraria. Una delle più recenti per esempio è stata l'autofiction, e di conseguenza sono usciti un bel po' di libri di autofiction, mentre poco dopo il mio esordio ricordo che andava molto il pulp, per cui sembrava che uno dovesse per forza scrivere pulp, per tacere del noir e del giallo, due generi che intasando a lungo le classifiche di vendita hanno ispirato il lavoro di molti. In realtà non è per nulla facile star dietro a queste cose, la letteratura è come il *prêt-à-porter*, ogni sei mesi c'è il rischio che qualcuno si inventi qualcosa di nuovo o che sulle pagine culturali di quotidiani e settimanali si riscopra per l'ennesima volta l'acqua calda, e dunque c'è un grande ricambio di trend. Tu non fai in tempo ad accodarti a un trend, scrivendo con gran fatica un centinaio di pagine che vanno dietro al trend, che il trend cambia, per cui o riesci a imprimere una sterzata a ciò che stai scrivendo, e viri chessò, dal noir al pornosoft, oppure corri il rischio di arrivare sempre un po' troppo tardi rispetto alle aspettative di pubblico e critica. Ecco perché in teoria ma anche in pratica uno dovrebbe sempre e solo scrivere la storia che ha urgenza di scrivere. Comunque in Rete è facile aggiornarsi, e i moderni mezzi consentono correzioni anche dell'ultima ora se non dell'ultimo minuto, ragion per cui potrai agilmente accodarti al fenomeno del momento, inserendo qualche scena pornosoft nel tuo noir o viceversa, per poi spiegare al primo dibbbattito come in realtà la tua stella polare sia la "commistione tra i generi". Ma se per caso mentre parli ti rendi conto che in realtà hai scritto qualcosa che non c'entra niente con quanto stai dicendo non preoccuparti, di solito non se ne accorge nessuno.

In fatto di dibbbattiti, tra le mie *performance* migliori ne ricordo una a Viterbo nel 2004 in occasione di un pomeriggio dedicato agli anni di piombo. Qualcuno mi chiese se a mio parere ci fosse una differenza antropologica tra i giovani di sinistra e quelli di destra. Io risposi che la sola differenza antropologica che conoscevo era quella tra i tifosi del Toro e quelli dell'altra squadra cortesemente ospitata in città. Non mi resi conto, dicendolo, che al tavolo del dibbbattito sedeva anche Mughini. Ma stranamente Mughini tacque. Forse perché stava pensando alla cena con l'autore che lo attendeva di lì a poco, o magari perché a quel punto appartenevo già alla categoria Solito Stronzo e non valevo nemmeno un "aborro". Detto questo, festival letterari ed eventi e dibbbattiti costituiscono di per sé un concentrato di vanità impressionante, essendo frequentati da scrittori. Ed è tutto un gareggiare a chi in pubblico dice le cose più brillanti e intelligenti, e in privato le più perfide. "Hai saputo che il suo ultimo romanzo ha venduto appena 900 copie?", per esempio, è una frase che ricorre molto spesso.

Ricordati dunque, come si è detto in precedenza, di tirartela il più possibile. Se per caso non hai nulla di interessante da dire sul tema di cui si sta discutendo, parla d'altro. E se ti fanno una domanda a cui non sai rispondere, o a cui non ti va di rispondere, regolati allo stesso modo. Ricordati infine di riempire d'acqua il bicchiere dei tuoi vicini di tavolo, cosa che ti farà notare dal pubblico mentre stanno parlando gli altri e ti metterà subito in buona luce.

Consacrazione:
in tivù da Brillante Promessa

Per carità, oggi come oggi uno può girare un *book trailer* e metterlo su YouTube e creare un blog concepito apposta per l'uscita del libro e comunicare a tutti la novità utilizzando Twitter. Ma dato che in Italia ancora oggi nulla esiste davvero se non passa prima in tivù, in quanto Brillante Promessa sarai costretto a sperare in una qualche ospitata e/o comparsata e dovrai essere disposto a correre il rischio di rimanerci molto male, dopo, perché per quanto tu riesca ad apparire disinvolto non sarai mai tu a condurre il gioco, a meno che un bel giorno non ti si affidi come un tempo ad Arbasino o a Baricco addirittura la conduzione di una trasmissione. Dato che in Italia gli spazi dedicati ai libri in tivù sono quelli che sono, in un passato più o meno recente c'è chi ha accettato di fare anche solo il giurato al Festival di Sanremo, e chi si è detto che in fin dei conti poteva anche giocarsi le sue chanches in veste di opinionista in un talk, che poi è un mestiere durissimo, bisogna sfornare opinioni su tutto, e da un intellettuale ci si aspetta che siano pure intelligenti, pungenti, o almeno stringenti. In quanto intellettuale poi farai sempre un figurone se, una volta andato in tivù e magari proprio in tivù, parlerai male della tivù, premettendo comunque che da parte tua non ritieni che questa sia la sola causa del rimbecillimento collettivo degli italiani eccetera eccetera. Ricordati comunque di dire che c'è un prima e un dopo Vermicino e che in Italia non c'è mai stato un programma come *Apostrophe*, anche se non hai idea di che cosa sia successo a Vermicino e non hai mai visto *Apostrophe*. Infine, cerca di nascondere il tuo sconcerto qualora ti capiti di sentir dire in pubblico da un noto personaggio televisivo che il successo del suo romanzo non ha nulla a che vedere col suo status di noto personaggio televisivo, e che anzi, la maggior parte dei suoi lettori non ha nemmeno idea del fatto che ogni settimana conduca una trasmissione in tivù: quando mi è capitato ero impreparato e mi sono ribaltato da fermo, come una Duna. Sia come sia.

La mia prima volta in tivù, per il lancio di *Tutti giù per terra*, fu anche la mia prima volta come caso umano. Proprio per evitare di venire presentato come tale, al mio editore avevo chiesto solo di non farmi mai partecipare al *Maurizio Costanzo Show*. Così, quando venne fuori la possibilità di un'intervista nel nuovo programma di Arnaldo Bagnasco, accettai. Peccato che una volta varcata la soglia dello studio in cui veniva registrata la trasmissione, mi ritrovai inaspettatamente al cospetto proprio di Maurizio Costanzo, seduto o meglio troneggiante accanto a Oliviero Toscani e Paolo Landi. Non è possibile, pensai. Ma ormai ero lì, sotto le famose luci dei celebri riflettori, un bersaglio nel mirino delle telecamere. L'ex tessera P2 numero 1819 mi chiese subito se anch'io, come Walter, il protagonista del libro, fossi arrivato vergine ai ventiquattro anni, e se la figura del personaggio di Beatrice, in certe pagine molto disinibita da un punto di vista sessuale, fosse per caso ispirata a una ragazza di mia conoscenza. Ricordo che risposi asserendo che trattandosi di un romanzo e dunque di un'opera di finzione nel libro non c'era nulla di autobiografico, anche perché allora non si parlava ancora di autofiction, e ricordo che il marito della De Filippi disse un "Sì, vabbè". Ricordo anche che lasciando gli studi di RaiDue non mi sentivo benissimo: in quei pochi minuti sullo schermo ero stato "usato" dalla tivù. Fu così che nei giorni successivi, come ho accennato prima lavoravo ancora in libreria, cominciai a ricevere inviti su inviti per partecipare al *Maurizio Costanzo Show*, che cessarono solo quando nel mio secondo romanzo m'inventai il *Porfirio Topazio Show*.

Detto questo, è difficile che in quanto Brillante Promessa tu possa ricevere un invito al *Fabio Fazio Show*, dove com'è noto c'è un vero e proprio catalogo di Soliti Stronzi e Venerati Maestri che per un motivo o per l'altro vengono giudicati idonei alla fabiofaziazione. Dunque almeno per il momento rimane la Bignardi. Certo se il temutissimo Antonio D'Orrico sul settimanale del *Corriere della Sera* ti accosterà nientemeno che a Proust, com'è successo ad Alessandro Piperno, allora molte porte si apriranno. Un'ultima cosa. Se in quanto Brillante Promessa sei nato a partire dalla metà degli anni Ottanta e hai molta dimestichezza col video, e se vista questa tua dimestichezza vuoi approfittare dell'occasione per stupire il gentile pubblico con un qualche numero, tieni comunque presente che tutti i numeri possibili li ha già fatti Aldo Busi, e regolati di conseguenza.

Solito Stronzo

Il nuovo che avanza

Il passaggio da Brillante Promessa a Solito Stronzo, lo dico per esperienza diretta, è automatico e non dipende dalla tua volontà, ma solo dal fatto che un giorno capacità e fortuna permettendo ti ritroverai a pubblicare il tuo secondo libro. È successo a me, e prima che a me ad Andrea De Carlo, e dopo di me a Paolo Giordano. Una sera siamo andati a dormire che eravamo ancora Brillanti Promesse, la mattina dopo ci siamo svegliati ed eravamo già Soliti Stronzi. Da questo punto di vista, il fatto che possano tranquillamente continuare a definirti Giovane Scrittore fino al tuo ventesimo romanzo o sessantesimo compleanno non significa nulla. Pur restando un Giovane Scrittore, allo stesso tempo apparterrai al novero dei Soliti Stronzi. Così, se già dovevi tirartela prima, immagina un po' quanto dovrai tirartela da qui in poi: sia per rientrare appieno nella nuova categoria, sia per giustificare la tua appartenenza alla medesima. Ma anche, ovvio, per continuare a farti prendere sul serio.

Tuttavia, per quanto tu possa tirartela non riuscirai a scampare il fatto di dover fare i conti con il nuovo che avanza. Se quando eri una Brillante Promessa il nuovo eri tu, ora che con il secondo libro ti sei guadagnati i galloni di Solito Stronzo ti accorgerai che la vita va avanti per tutti, scrittori e casi letterari e umani compresi, e che il mondo cambia sotto i tuoi occhi, e che se, poniamo, fino a ieri tu rappresentavi la Nuova Voce della Letteratura Italiana, proprio oggi ha esordito un tale, la nuova Brillante Promessa che subito ci si è affrettati a definire la Nuovissima Voce della Letteratura Italiana. Ammesso e non concesso che non ti sia toccato di sperimentare questo meccanismo addirittura prima di aver pubblicato il secondo romanzo. Per capirci: appena poche settimane dopo l'uscita del mio *Tutti giù per terra*, nelle librerie italiane arrivò *Jack Frusciante è uscito dal gruppo* di Enrico Brizzi. Non avevo fatto in tempo ad abituarmi al mio ruolo di Brillante Promessa ventinovenne che già ne era saltata fuori un'altra, appena diciannovenne. Ora, si capisce che dipende dal carattere di ciascuno, ma può esserci qualcosa di malinconico nel veder eclissare così rapidamente il fatto di rappresentare una novità vera o presunta.

In ogni caso, se da un lato come si è detto le stagioni letterarie si susseguono allo stesso ritmo di quelle del *prêt-à-porter*, e così chi di volta in volta si trova a rappresentarle, dall'altro imparerai a tue spese che come diceva Ernest Hemingway "la gran cosa è durare". Innanzitutto perché, potrà sembrarti strano, è molto più facile scrivere e pubblicare il primo libro che arrivare a scriverne e pubblicarne altri dieci. E poi perché i libri davvero buoni durano nel tempo. Perciò, non avere rimpianti. Semmai, datti degli obiettivi.

Anticipi e posticipi

Uno dei vantaggi insiti nel fatto di entrare a far parte dei Soliti Stronzi consiste nella concreta possibilità di ricevere un anticipo sui diritti al momento della firma del nuovo contratto, cosa che a una Brillante Promessa come si è detto accade molto di rado. Il tuo potere contrattuale naturalmente dipenderà dal numero di copie vendute con il libro d'esordio, ma non solo. A definirlo contribuirà in una certa misura la tua cosiddetta visibilità, e la consistenza della rassegna stampa, e il fatto che il tuo primo libro sia stato tradotto o magari opzionato da un produttore cinematografico, e certo non da ultima la fiducia nelle tue capacità nutrita dal tuo editore. Se per caso lavori in tivù, tale fiducia è scontata e non dovresti avere problemi nello spuntare cifre anche consistenti. Naturalmente, gli anticipi si chiamano anticipi perché sono davvero tali. E perciò vengono scalati dai diritti eventualmente maturati grazie alle vendite del libro. Rimarrai dunque un po' deluso quando dal rendiconto delle cifre che ti spettano a fronte delle vendite scoprirai che viene decurtato per l'appunto l'anticipo. Sempre, beninteso, che il rendiconto delle vendite superi il medesimo. In caso contrario, non vedrai un euro, e ringrazierai comunque il fatto che l'anticipo in quanto tale non è restituibile.

Tuttavia, gli anticipi vengono corrisposti a fronte della tua promessa, ora contrattualizzata, di consegnare il nuovo libro entro una certa data. E dunque ecco che per la prima volta in vita tua ti troverai a scrivere qualcosa sapendo di dover rispettare una determinata scadenza. Pensaci: prima di esordire e di diventare Brillante Promessa, ti sei potuto concedere il lusso di prenderti tutto il tempo che volevi per scrivere il tuo primo libro, anche se in realtà bruciavi dalla voglia di pubblicarlo il prima possibile (Enrico Brizzi, sempre lui, esordendo a diciannove anni ha fatto di colpo sentire vecchi anche i ventenni). Ora invece ti scopri a pensare che uno, due o tre anni sono un po' pochi, e che preferiresti averne almeno dieci. Bizzarro, no?

Risultato: anche se la scadenza che riuscirai a ottenere non sarà troppo ravvicinata, e potrai contare appunto su uno, due o perfino tre anni di tempo per la consegna del secondo romanzo, scoprirai che quella data si insinuerà nei tuoi pensieri, cogliendoti di sorpresa nei momenti più inaspettati, e rendendoti protagonista di dialoghi del tipo:

"A che pensi quando mi baci, caro?"

"Io? Al fatto che ti sto baciando, cara".

"Ne sei sicuro?"

"Certo".

"Allora perché ho l'impressione che quando mi baci la tua lingua tracci nella mia bocca una serie di numeri?"

"Quali numeri?"

"31.12.15, con tanto di puntini tra giorno, mese e anno".

Inoltre, comincerai a uscire dai cinema senza avere la più pallida idea del film che in teoria dovresti aver appena visto, cosa che può rendere la conversazione successiva alquanto accidentata.

"Io lo sapevo che l'assassina era lei. E tu?"

"L'assassina? Quale assassina?"

"Ma come *quale assassina*? Che film hai visto, scusa?"

"31.12.15".

"31.12.15? Ma che film è? Un altro di quelli sulla fine del mondo? Ma guarda che forse lo davano nella sala accanto!"

Poi ti ritroverai a dare risposte senza senso anche quando ti sentirai fare domande tutto sommato banali.

"Che ore sono, caro?"

"31.12.15".

Ora, di norma la maggior parte degli editori è disposta ad accordare una o anche due o perfino tre proroghe ai suoi autori, perché in teoria ma solitamente anche in pratica la consegna del libro è nell'interesse di tutti, e dunque in quest'ottica la si può posticipare. Vedi Paolo Giordano, che ci ha messo cinque anni tra il primo e il secondo romanzo e in un'intervista a *Sette*, il supplemento del *Corriere della Sera*, ha ammesso di essere ingrassato tra un libro e l'altro. Forse perché prima o poi anche le proroghe scadono. E se magari già di tuo non dormi sereno, farai bene a procurarti una scorta di Lexotan.

Passare direttamente al terzo

"Beh, sai, tieni presente che ora ti aspettano coi fucili puntati".

È, questa, una tra le espressioni in assoluto più ricorrenti nel cosiddetto gergo editoriale, e viene usata proprio quando un autore passa da Brillante Promessa a Solito Stronzo, ovvero nel momento in cui dà alle stampe la sua seconda opera, soprattutto nel caso in cui la prima opera sia stata accolta con favore, ottenendo un successo di critica o di pubblico o meglio ancora, anche se accade più raramente, sia di critica sia di pubblico. Nel corso di questi ultimi vent'anni ho perso letteralmente il conto delle volte in cui l'ho sentita pronunciare. Prima riferita a me: "Beh, sai, tieni presente che ora ti aspettano coi fucili puntati". Poi, riferita ad altri: "Beh, sai, di sicuro ora lo aspettano coi fucili puntati". Che poi, in caso di stroncatura della seconda prova, può diventare: "Eh, del resto si sapeva che lo aspettavano coi fucili puntati".

Già: perché quando si è reduci da un certo successo, piccolo o grande che sia, da un lato come si è detto significa che si sono venute a creare delle aspettative, e dall'altro... beh, dall'altro c'è un mondo là fuori che in realtà non vede l'ora di trovare conferma al famoso detto popolare "dalle stelle alle stalle". In tedesco esiste un'espressione particolare, *Schadenfreude*. Indica il sottile piacere che si prova di fronte alle disgrazie altrui. Ora, sia chiaro: non succede proprio sempre che dopo un primo libro accolto magari benissimo il secondo conosca tutt'altra sorte. Ma molto spesso succede. E succede che un autore già esaltato all'epoca dell'esordio in quanto Brillante Promessa si ritrovi stroncato all'uscita della sua seconda fatica letteraria nella veste di Solito Stronzo, e perfino da chi aveva contribuito alla sua esaltazione. Evento quanto mai doloroso per l'autore in questione, che quando si era visto osannare ci aveva creduto e che ora non riesce a farsi una ragione del perché sia accaduto il contrario. Il fatto è che, come usa dire, *sic transit gloria mundi*. Oltretutto, il novello Solito Stronzo non tiene conto del fatto che, quando lui è diventato Brillante Promessa magari riscuotendo pure un successo più o meno grande, ha involontariamente ma inevitabilmente offuscato altre Brillanti Promesse. E, contestualmente, ha fatto ricordare a innumerevoli Soliti Stronzi che anche loro erano stati Brillanti Promesse, un giorno: ovvero più giovani, più recensiti, più tutto. Per cui, sia le altre Brillanti Promesse che da parte loro sono sempre tali perché il secondo libro non l'hanno ancora pubblicato, sia gli innumerevoli Soliti Stronzi che nel frattempo hanno inanellato una serie più o meno lunga di titoli ignorati dai più, non vedevano l'ora di saperlo stroncato, quando non proprio deriso, fustigato, in quanto ex Brillante Promessa e nuovo Solito Stronzo alla fatidica seconda prova. Poi, per carità, anche se ripetersi è quanto mai difficile, può pure darsi che il secondo libro vada bene. Ma gli invidiosi, perché alla fine della fiera di questo si tratta, trovano sempre un motivo di soddisfazione: "Sì, vabbè, immanicato com'è non l'hanno stroncato come si meritava ma col primo libro era rimasto al primo posto in classifica per un anno, ricordi? Con questo invece appena un mese, e poi ha cominciato a scendere, ma che dico, precipitare".

È così che il novello Solito Stronzo inizia a guardarsi le spalle sospettoso, e comincia a sviluppare una certa paranoia. Non sa, il novello Solito Stronzo, che la cosa è assai più comune di quanto non si pensi. Succede anche con i gruppi musicali: certi critici, quando ne scoprono uno nuovo, lo portano come si dice in palmo di mano. Poi però non appena la novità conosce un successo di massa, ecco che ai loro occhi si svaluta. Non varrà più la pena di occuparsene se non per rimarcare come le promesse del debutto non siano state mantenute. Senza contare che nel frattempo gli stessi critici hanno scoperto un nuovo grande gruppo, quel che nei paesi anglosassoni si dice The Next Big Thing. È un giochino vecchio, ma funziona sempre, e serve unicamente a confermare ogni volta l'esistenza dei critici innanzitutto a loro stessi. Ecco perché una volta, quando facevo ancora il commesso in libreria ma era già uscito il mio primo romanzo, un agente di vendita della Bompiani mi disse: "Dopo aver pubblicato il primo libro, sarebbe bello poter passare direttamente al terzo".

Sta di fatto che a volte si sente dire da un autore già baciato da un certo successo all'esordio che, vista l'accoglienza riservata al suo secondo lavoro, avrebbe preferito che il primo passasse inosservato, o quasi. Una menzogna dettata dall'amarezza del momento, senza dubbio. Amarezza che può aumentare qualora si venga a conoscenza del fatto che qualcuno, in ambiente editoriale, ha sentenziato: "Può darsi che mi sbagli, ma secondo me è quel che si dice l'autore di un unico libro". Inteso non nel senso della nota teoria secondo cui tutti gli scrittori continuano a scrivere nel corso della loro carriera o carrierina o carrierona un'unica storia, limitandosi a variare di volta in volta la scenografia e i protagonisti della medesima, ma piuttosto nel senso che dopo un esordio baciato da un successo clamoroso l'autore in questione sia destinato a eclissarsi. L'ultimo caso, a questo proposito, è stato quello di Roberto Saviano: anche qui, ho perso letteralmente il conto delle volte in cui dopo il successo straordinario di *Gomorra* ho sentito dire: "Può darsi che mi sbagli, ma secondo me è quel che si dice l'autore di un unico libro". Dimenticavo: altra frase ricorrente e sempre uguale nel corso dei secoli tra gli addetti ai lavori del dorato mondo delle Lettere è: "Mah, sai, dicono che il primo libro gliel'abbia scritto...", dove al posto dei puntini c'è sempre una figura prestigiosa dell'editoria italiana che, secondo i bene informati, avrebbe scritto certi libri d'esordio baciati dal successo per il semplice fatto che hanno avuto successo. Anche qui, mi sa che dovrai rassegnarti. Dovresti per l'appunto passare direttamente al terzo, ma non si può. A parte il fatto che a me hanno poi stroncato pure quello. Amen.

La seconda quarta di copertina

Della prima quarta di copertina non si è parlato in precedenza per il semplice fatto che la prima quarta di copertina è per così dire un atto dovuto e allo stesso tempo quasi una pratica burocratica: qualsiasi cosa abbia scritto la Brillante Promessa nel suo libro d'esordio, si tratta sempre e comunque di un "esordio folgorante". Né più, né meno. La seconda quarta di copertina invece è spesso più sfumata, però batte sempre sul tasto della "maturazione": come dire, lo sappiamo, questo nostro autore non è più una Brillante Promessa e si è trasformato in un Solito Stronzo, e certo è improbabile che questo secondo libro faccia il botto come il precedente, però nel frattempo il nostro autore non è diventato solo un Solito Stronzo, ma un Solito Stronzo Maturo.

Comunque: la seconda quarta di copertina riporta a grandi linee la trama e i personaggi, e cerca di incuriosire o come si dice di risultare "accattivante" agli occhi di chi in libreria si prenderà eventualmente la briga di darle ancorché di sfuggita un'occhiata. Va da sé che la qualità delle quarte di copertina varia a seconda degli autori delle quarte di copertina medesime. C'è chi ricorda, per dire, quando in Einaudi le quarte di copertina venivano affidate al capo-ufficio stampa, Italo Calvino. Ed è dopo la scomparsa di quest'ultimo che, per ciò che concerne le quarte di copertina dei romanzi italiani, un bel giorno è iniziata l'epoca dei cosiddetti stralunati. Mi spiego. Prova a prendere le quarte di copertina dei libri usciti negli ultimi venti o trent'anni e a fare un piccolo censimento del numero di volte in cui in queste quarte di copertina compare l'aggettivo "stralunato/a". Si direbbe che da più di un quarto di secolo in qua la stragrande maggioranza degli autori italiani sia composta da cosiddetti stralunati, o comunque da gente che scrive storie stralunate, o che usa una lingua stralunata, o che crea personaggi stralunati, o che si caratterizza per uno stile stralunato. In tutta franchezza non so chi sia stato il primo autore di quarte di copertina a usare l'aggettivo "stralunato". Ma in un certo senso è come l'inventore del *trolley*. Una volta messo in circolazione, non ci si è più liberati né dell'uno né dell'altro.

Una delle cose che distinguono la seconda quarta di copertina dalla prima consiste nel fatto che non di rado chi la concepisce può decidere di usare qualche frase tratta dalle recensioni ottenute dal primo romanzo per "spingere" il secondo. L'effetto può risultare straniante, o se preferisci stralunante, visto che si tratta dello stesso autore ma di due libri diversi. Eppure succede, per cui non è raro che una quarta di copertina finisca per non c'entrare nulla con il libro che dovrebbe invitare a leggere. Per capirci: se, poniamo, il primo libro ha ottenuto da una firma o una testata ritenuta autorevole una recensione che lo definiva "molto divertente", può accadere che tali parole vengano riportate nella quarta di copertina del secondo anche se quest'ultimo non strappa nemmeno la parvenza di un sorriso. Il bello, quando si decide di citare una recensione ottenuta dal romanzo precedente, è che si può anche farlo subdolamente, così che in un certo qual modo costituisca una specie di piccola vendetta. Per esempio, quando si estrapola l'unica frase positiva di una stroncatura ovviamente feroce al precedente romanzo da parte di un critico senz'altro autorevole, dando per scontato che nessuno a partire dal critico in questione se la ricordi, e dando dunque l'impressione che si tratti di un commento positivo alla nuova opera. Di modo che una frase come: "Il miglior libro che leggerete quest'anno" messa in quarta di copertina con la firma del critico o la riproduzione della testata su cui è stata pubblicata può benissimo essere il frammento di un discorso un po' più ampio, tipo: "E dispiace davvero doverlo sottolineare, ma questo non sarà certo *il miglior libro che leggerete quest'anno*: al contrario, vi inviterei a tenervene alla larga, perché si tratta a tutti gli effetti di un fallimento totale".

Premi vinti e premi persi

Magari succederà anche a te: pubblicato il primo libro, vincerai già con questo uno o più premi.

E in fatto di premi, è bene chiarire subito una cosa. Da parte tua, riterrai puliti quelli che vinci e truccati quelli che non vinci. La teoria ha una sua validità, anche perché di norma sono più quelli che uno non vince di quelli che uno vince. Però si sa che l'Italia è un paese surreale, in cui non si fa in tempo a pubblicare un libro in cui la protagonista che lavora per un'agenzia di eventi dice di aver "lanciato" la nuova giacca di Formigoni che ZAC!, ecco il vero Formigoni che annuncia al *Corriere della Sera* il lancio del suo nuovo maglione, il Formaglione. In fatto di premi, la cosa surreale o se vuoi paradossale riguarda il Grinzane Cavour. Che era davvero un premio pulito (visto? L'ho vinto, e dunque...) anche perché la sua giuria era costituita dai ragazzi dei licei, ma che è diventato motivo d'imbarazzo all'indomani del noto scandalo che ha coinvolto il suo fondatore Giuliano Soria. Non per me, ma per molti. Non a caso, una sera a una presentazione la signora che mi introduceva al pubblico prima di cominciare a parlare mi ha detto in un orecchio, sottovoce: "Senta, io ora la introduco e dico qualcosa sulla sua biografia, però il fatto che ha vinto il Premio Grinzane non lo cito, va bene?"

Comunque: dato che il solo premio che fa vendere davvero è lo Strega, è questo a scatenare polemiche che immancabilmente finiscono sui giornali e on-line e a mobilitare fino allo spasimo gli editori e i loro vassalli, valvassori e valvassini. Restano a loro modo epiche, per quanto riguarda le ultime edizioni, le sfide tra Tiziano Scarpa e Antonio Scurati, vinta dal primo per un voto dopo che il secondo da mesi si sentiva la vittoria in tasca, e tra Alessandro Piperno ed Emanuele Trevi. Quest'ultima tenzone ha avuto un corollario costituito da una querela, da parte del terzo classificato Gianrico Carofiglio contro un editor della casa editrice di Trevi che lo aveva definito "scribacchino", e da una manifestazione, indetta a Roma dagli amici di Trevi e contro la querela da parte di Carofiglio ovvero contro Carofiglio medesimo. Inutile dire che sulle pagine culturali dei giornali e on-line la cosa ha avuto ampio risalto. Questo giusto per dirti che, se ti capiterà mai di partecipare allo Strega, volendo potrai divertirti. Oddio, poi ci sono anche altri modi per divertirsi. Ma comunque. Ogni anno, all'approssimarsi dello Strega, scattano le telefonate ai votanti dello Strega, tese ad accaparrarsi interi pacchetti di voti e anche voti singoli, visto che ne basta per l'appunto uno per portarsi a casa il *jackpot*. E c'è anche chi, in veste di giurato, ogni anno annuncia con aria vagamente annoiata agli amici del giro letterario: "Uffa, mi hanno già chiamato chiedendomi il voto per lo Strega". Va da sé che questa lamentela viene espressa solo ed esclusivamente per far sapere all'uditorio che si fa parte del club degli Amici dello Strega. Leggende metropolitane narrano che in cambio del voto allo Strega si possano ottenere se non veri e propri vitalizi almeno qualche cassa di vino, o invito a cena, o traduzione, o. Ma non votando per lo Strega nessuno mi ha mai offerto alcunché, quindi non posso giurare sulla veridicità della cosa.

Il bello del club degli Amici dello Strega è che facendone parte uno può anche votare se stesso, raccattando comunque almeno un voto. Ma non so dirti com'è che si entra a farne parte perché io non ne faccio parte. Posso però dirti che nel corso degli anni mi sono fatto un'idea degli ingredienti che deve contenere un libro per vincere lo Strega. Il fatto che non sia ancora riuscito a scriverlo non significa nulla. In ogni caso, non mi pare questa la sede più opportuna per elencarli. Auguri!

Scrive sempre lo stesso libro.
Ha tradito se stesso

All'uscita del tuo secondo libro, lo noterai senz'altro anche tu, le stroncature di cui sarà oggetto si divideranno, in base a ciò che avrai scritto, in due macro-sistemi. Il primo è quello in cui si finisce nel caso in cui la seconda opera riproponga anche solo in minima parte lo stile, o i temi, o i personaggi, o i luoghi della prima, e si può riassumere nella locuzione: "Peccato che alla seconda prova, l'ex Brillante Promessa fallisca miseramente, anche perché finisce per scrivere lo stesso libro che aveva scritto in occasione del felice esordio, gabbando i suoi lettori". Il secondo invece è quello in cui si incappa qualora la seconda opera si discosti decisamente dalla prima, vuoi per lo stile, vuoi per i temi, e vuoi anche per i personaggi e i luoghi, e si può sintetizzare nella sentenza: "Peccato che alla seconda prova, l'ex Brillante Promessa fallisca miseramente, anche perché scrivendo un libro totalmente diverso da quello che aveva scritto in occasione del felice esordio finisce per tradire se stesso, gabbando i suoi lettori". Come potrai constatare, è del tutto inutile lambiccarsi il cervello: non se ne esce in nessun modo. Perciò, a meno che non ti tocchi in sorte di appartenere a quella ristrettissima cerchia di eletti che miracolosamente scampano ai fucili puntati e dunque all'automatica stroncatura della seconda opera, rassegnati.

Io per esempio ho scritto alcuni libri ambientati a Torino. Ma non tutti. Nello specifico:

Tutti giù per terra, ambientato a Torino ma non esplicitamente.

Paso doble, ambientato a Torino e provincia ma non esplicitamente e in giro per l'Europa.

Bla bla bla, ambientato in una metropoli europea.

Ambarabà, ambientato a Milano.

A spasso con Anselm, ambientato in una città indefinita.

Liberi tutti, quasi, ambientato tra la Russia, l'India e la Cina.

Il paese delle meraviglie, ambientato in provincia di Torino e con un solo capitolo strettamente torinese.

Un'estate al mare, ambientato a Marsala.

Ritorno a Torino dei signori Tornio, atto unico ambientato a Torino.

Insomma: Torino c'è, ma c'è anche una certa varietà. Solo che dopo l'uscita di *Torino è casa mia*, per questo stesso editore, ho pubblicato *Brucia la città*, il mio primo romanzo ambientato a Torino in modo esplicito. E subito mi sono sentito dire: "Oh, ma hai di nuovo scritto un libro su Torino?" (immagino che sia così anche per Paul Auster: "Oh, ma hai di nuovo scritto un libro su New York?"). Così poi ho scritto *Sicilia, o cara*, ambientato di nuovo a Marsala, mentre *Ameni inganni* l'ho ambientato in una città indefinita ma con la stessa toponomastica di Monopoli (il gioco di società, non la cittadina pugliese). Quanto a *Venere in metrò*, l'ho ambientato a Milano. E una volta che questo è uscito, mi sono sentito dire: "A Milano? E perché non a Torino?".

Non se ne esce, te l'ho detto.

High Society o del paraculismo

Sia chiaro: quella che segue è solo un'ipotesi che circola tra i tanti Soliti Stronzi che si sono visti stroncare la seconda opera, e va presa in quanto tale. Ma dato che circola e che di sicuro arriverà anche a te, mi sembra doveroso informarti, di modo che tu possa pianificare con un minimo di anticipo quella che sarà la tua condotta una volta che, dopo aver esordito in veste di Brillante Promessa, sarai entrato a far parte a tua volta della categoria dei Soliti Stronzi.

Dunque: chi varca la soglia nel dorato mondo delle Lettere come Brillante Promessa appartiene di solito a due grandi ecosistemi tra loro contrapposti. C'è chi proviene da famiglie e/o ambienti che fanno già parte del cosiddetto *milieu* intellettuale, vedi per esempio Niccolò Ammaniti, primogenito dello psichiatra e professore universitario romano Massimo Ammaniti, col quale ha anche pubblicato un libro intitolato *Nel nome del figlio*. E c'è chi invece proviene da famiglie e/o ambienti che nulla hanno a che vedere con il cosiddetto *milieu* intellettuale, vedi per esempio Giorgio Faletti. Nel primo caso è evidente che la possibilità di una frequentazione del cosiddetto *milieu* intellettuale, che a Roma si svolge prevalentemente nei celebri salotti e sulle celeberrime terrazze della Capitale, è da parte dell'autore nato in seno al *milieu* medesimo scontata. Nel secondo caso invece l'autore può scegliere di adoperarsi per farsi accettare dal cosiddetto *milieu*, cosa che non è comunque scontata nemmeno all'indomani della pubblicazione di un libro e che può richiedere un impegno anche notevole, oppure no. Per quanto riguarda Faletti, è noto che sempre il temutissimo Antonio D'Orrico lo ha definito sul magazine del *Corriere della Sera* "il miglior scrittore italiano". Perciò, anche se non si proviene da una famiglia di baroni universitari e si è interpretato il personaggio di Vito Catozzo a *Drive In* per poi partecipare al Festival di Sanremo con una canzone intitolata *Signor tenente* che ripeteva più volte le parole "Minchia signor tenente", si ha vivaddio la possibilità di veder riconosciuto il proprio talento anche in altri ambiti.

Tuttavia, in altri casi meno fortunati, il Solito Stronzo che non proviene da un *milieu* intellettuale finisce col pensare che se i suoi libri non vengono recensiti oppure lo sono ma vengono stroncati e/o non entrano in classifica, ciò sia dovuto al fatto che per l'appunto egli non appartiene al *milieu* intellettuale, e di conseguenza non ha i giusti agganci e le giuste entrature. Ecco di conseguenza l'impennarsi della lancetta che indica la presenza indubitabile di un complotto volto a sabotare l'opera del Solito Stronzo in questione. Il che comunque comporterebbe una certa fatica, o almeno un certo impegno da parte dei cospiratori, intenti a chiamarsi da una redazione all'altra per assicurarsi che nessun collega recensisca quel dato Solito Stronzo, o che in ogni caso il suo libro venga stroncato. Ma come usa dire, per carità, tutto può darsi.

E dato che per carità tutto può darsi, se proprio ci si tiene l'unica è cercare di farsi accettare dal *milieu* intellettuale di cui sopra. Il che comporta non di rado una serie di piccoli accorgimenti. Occorre infatti imparare a praticare l'arte del paraculismo ed eccellere in quella del salamelecco, o se preferisci delle pubbliche relazioni, facendo in modo da agganciare le persone giuste, ovvero quelle che detengono il potere all'interno dell'industria culturale, politici e assessori compresi, e come usa dire sapersi muovere. Fondamentale è cercare di fare il possibile per non crearsi nemici, ma al contrario tessere alleanze, in un gioco all'insegna del *do ut des* che alla fine porta sempre i suoi frutti. Cerca quindi di essere sempre gentile e disponibile a trecentosessanta gradi almeno con coloro che contano, e di salutare sempre tutti con grandi baci e abbracci, e con trasporto, entusiasmo, il sorriso sempre pronto, gli occhi che brillano. Comprese le compagne, le amanti, le mogli. O i compagni, gli amanti, i mariti. Se poi un giorno ti venisse offerto un qualunque incarico, non limitarti a ringraziare, ma tramutati in zerbino. Solo così avrai qualche possibilità. Sempre che la cosa t'interessi davvero, naturalmente. E dando per scontato che tu abbia lo stomaco per guardarti allo specchio, la mattina, quando ti svegli.

Purché se ne parli

La prima cosa che fa il Solito Stronzo, una volta letta una stroncatura va da sé feroce che massacra il suo secondo libro, è chiamare l'editore in preda a ira, depressione e paranoia. La dinamica di questo tipo di telefonate segue parametri standard, uguali per tutti gli autori e per tutti gli editori. Per comodità riportiamo lo schema-base, a cui potrai agevolmente uniformarti allorquando verrai stroncato.

AUTORE (*con tono fortemente agitato*): "Pronto, ciao, ma hai visto la stroncatura di stamattina?"

EDITORE (*fingendo di cadere dalle nuvole*): "No, stamattina avevamo la riunione della forza vendita e non ho ancora visto la rassegna stampa. Ora me la faccio portare e poi ci sentiamo".

AUTORE (*con tono fortemente risentito*): "No, aspetta che te la leggo io, tanto ce l'ho qua davanti. Dice: 'Peccato che alla seconda prova, l'ex Brillante Promessa fallisca miseramente, anche perché scrivendo un libro totalmente diverso da quello che aveva scritto in occasione del felice esordio finisce per tradire se stesso, gabbando i suoi lettori'. Ma ti rendi conto?"

(A seconda dei casi, l'AUTORE potrebbe anche dire: "No, aspetta che te la leggo io, tanto ce l'ho qua davanti. Dice: 'Peccato che alla seconda prova, l'ex Brillante Promessa fallisca miseramente, anche perché finisce per scrivere lo stesso libro che aveva scritto in occasione del felice esordio, gabbando i suoi lettori'. Ma ti rendi conto?").

All'altro capo, l'EDITORE si stringe nelle spalle, oppure, se parla con il telefono incastrato tra un orecchio e la spalla corrispondente, allarga le braccia. Dopodiché risponde:

EDITORE (*con tono rassicurante e al contempo minimizzante, come a far capire che comunque avrebbe altro da fare*): "Massì, non prendertela. Sai no come si dice? Purché che se ne parli".

Il "purché se ne parli" è la sola arma a disposizione dell'editore nel momento in cui deve sorbirsi l'ira, la depressione e la paranoia dell'ex Brillante Promessa nel frattempo tramutatosi in Solito Stronzo, e però è anche l'arma totale, definitiva, assoluta. Perché il "purché se ne parli" disinnesca qualsiasi cosa, insulti compresi. E dunque vale anche per ciò che tracima dalla Rete. Io per esempio quando Kafkaontheshore ha postato la sua recensione a *Venere in metrò* su Anobii, scrivendo "Attenzione: cagatona galattica" ad appena due ore dall'uscita in libreria del romanzo, mi sono ben guardato dal chiamare la Mondadori. Trovandomi nella condizione di Solito Stronzo dal 1995, sapevo perfettamente che cosa mi sarei sentito dire. E del resto, mettiti nei panni di un editore con decine, centinaia di Soliti Stronzi che sfornano in media un libro ogni uno o due anni. Come star dietro all'ira, alla depressione e alla paranoia di ognuno?

Pare che a inventarsi questa storia del "purché se ne parli" sia stato Oscar Wilde. Ecco: tutti gli editori dovrebbero mettersi d'accordo, fare una colletta e dedicargli una statua. Magari commissionandola a Cattelan.

Telefonata all'ufficio stampa 2

"Pronto, buongiorno, scusi, sono Giuseppe Culicchia".

"Chi?"

"Glielo ripeto, G-i-u-s-e-p-p-e C-u-l-i-c-c-h-i-a".

"Come dice?"

"Aspetti, glielo sillabo, Como Udine Livorno Imola Como Como Hotel Imola Asti, Culicchia".

"Culicchia?"

"Sì, sono uno dei Soliti Str..., cioè, un autore della casa editrice, mi passa l'ufficio stampa per cortesia?"

"La metto un momento in attesa".

Me ne sto un momento in attesa. Sento *Yellow Submarine*.

"Sì pronto".

"Pronto, buongiorno, sono Giuseppe Culicchia".

"Chi?"

"Glielo ripeto, G-i-u-s-e-p-p-e C-u-l-i-c-c-h-i-a".

"Come dice?"

"Aspetti, glielo sillabo, Como Udine Livorno Imola Como Como Hotel Imola Asti, Culicchia".

"Ah, sì, il Solito Str... cioè, Culicchia. Buongiorno, desidera?"

"Ecco, veramente io... volevo sapere... dato che il mio secondo libro è uscito da quattordici giorni e non è ancora in classifica... e oltretutto al contrario del primo ha già ricevuto alcune stroncature va da sé feroci... secondo voi è possibile che mi invitino da Fazio a *Che tempo che fa*? Sa, tutti dicono che oggi come oggi per vendere sia necessario passare di lì..."

"Aspetti che le passo la capo-ufficio stampa".

Aspetto. In sottofondo sento:

"C'è Culicchia".

"Chi?"

"G-i-u-s-e-p-p-e C-u-l-i-c-c-h-i-a".

"Come dice?"

"Aspetti, glielo sillabo, Como Udine Livorno Imola Como Como Hotel Imola Asti, Culicchia".

"Ah, Culicchia. E che vuole?"

"Dice che il suo libro secondo è uscito da quattordici giorni e non è ancora in classifica e oltretutto gliel'hanno pure stroncato. Vuole andare da Fazio".

"Ancora?"

"Eh".

"Me lo passi, va'".

Sento un click. Sento i *Carmina Burana*. Vengo passato alla capo-ufficio stampa.

"Buongiorno, Culicchia. Sono la capo-ufficio stampa. Che cosa posso fare per lei?"

"Buongiorno. Ecco, veramente io... volevo sapere... dato che il mio libro è uscito da quattordici giorni e non è ancora in classifica... e oltretutto al contrario del primo ha già ricevuto alcune stroncature va da sé feroci... secondo lei è possibile che mi invitino da Fazio a *Che tempo che fa*? Sa, tutti dicono che per vendere oggi sia necessario passare di lì..."

"Guardi, per le stroncature non si preoccupi, l'importante è che se ne parli. Quanto a Fazio invita solo i Nobel".

Me ne sto un altro momento in attesa, del Nobel. Ma non arriva. "Ehm..." mi schiarisco la voce. "E invece... chessò... la Bignardi..."

"La Bignardi è molto... molto... uhm... molto... umorale..."

"E allora... magari... la Victoria Cabello..."

"La Cabello è molto... uhm... imprevedibile..."

"E allora chessò... un'intervista su *Vanity Fair*..."

"A *Vanity Fair* sono molto... uhm..."

Aspetto che finisca la frase.

Aspetto.

Aspetto.

Aspetto.

Poi mi rendo conto che deve essere caduta la linea.

No, forse ha proprio buttato giù.

Il Complotto

È quasi un riflesso condizionato. E in questo ricorda sia il famoso cane di Pavlov, sia l'automatismo con cui oggi come oggi chiunque sostenga una tesi diversa dalla nostra diventa subito un "fascista". A meno che tu non sia tra coloro che rigettano a priori ogni ipotesi complottista passata, presente o futura, dai Protocolli dei Savi Anziani di Sion alle teorie che smontano lo sbarco dell'uomo sulla luna o che imputano a Dick Cheney o alla Cia o al Mossad o ad altri apparati americani o israeliani ancora più segreti gli attentati al Pentagono e alle Torri Gemelle dell'11 settembre 2001, nel momento stesso in cui comincerai a imbatterti nelle recensioni e negli articoli e nei commenti e giudizi in Rete che immancabilmente salvo rarissime e misteriose eccezioni stroncheranno con una certa ferocia e talvolta addirittura irrideranno il tuo secondo romanzo, poco alla volta inizierai a chiederti se dietro una tale furia stroncatoria non si celi per caso un Complotto. La notte il pensiero del Complotto ai tuoi danni non ti farà dormire, e un giorno ti renderai conto di come siano cambiate anche le tue abitudini. Prima, quando eri ancora una Brillante Promessa, la mattina ti alzavi e per prima cosa facevi alternativamente prima la colazione e poi la doccia o viceversa. Ora invece, da Solito Stronzo, la mattina ti alzi e per prima cosa accendi il computer, ti connetti, vai su Google e controlli se per caso in Rete è uscita un'altra stroncatura, o se qualcuno in un blog ti ha nuovamente insultato. E alla tua fidanzata o al tuo fidanzato, e agli amici più fidati, ammesso che ti capiti di conservarne anche solo uno all'indomani del tuo esordio in letteratura, ma di questo ci occuperemo dopo, confiderai:

"Vedi, il fatto è che ce l'hanno con me perché il primo libro ha avuto troppo successo".

"Vedi, il fatto è che ce l'hanno con me perché sono finito in classifica".

"Vedi, il fatto è che ce l'hanno con me perché Miss Italia ha detto di aver letto il mio libro precedente".

"Vedi, il fatto è che ce l'hanno con me perché non frequento i giri giusti".

"Vedi, il fatto è che ce l'hanno con me perché sanno benissimo che loro un libro bello e importante come il mio non lo scriveranno mai".

"Vedi, il fatto è che ce l'hanno con me perché non sopportano che oltre al fatto di avere venduto un mucchio di copie sono anche tradotto in greco".

"Vedi, il fatto è che ce l'hanno con me perché non sopportano che oltre a essere tradotto in tutto il mondo sono anche un bel ragazzo".

"Vedi il fatto è che ce l'hanno con me per il solo fatto che esisto".

Ora, se il dorato mondo delle Lettere non fosse il dorato mondo delle Lettere, la cosa migliore sarebbe rivolgersi a uno psichiatra. Ma dato che il dorato mondo delle Lettere è il dorato mondo delle Lettere, può anche darsi che le tue paranoie non siano del tutto infondate. Rescue Remedy è un rimedio omeopatico forse un po' leggerino ma che ha il pregio di non presentare particolari controindicazioni.

Dagli amici. O dai nemici?

Come spesso accade, nel caso uno non ricordi esattamente qualcosa, per esempio la formulazione di un proverbio, la Rete non è in realtà di grande aiuto. Infatti, se uno digita su Google le parole "dagli", "amici e "guardo", scopre che in 0,19 secondi gli compaiono davanti agli occhi 346.000 risultati, equamente suddivisi tra "Dai nemici mi guardo io, dagli amici mi guardi Iddio" e "Dai nemici mi guardi Iddio, dagli amici mi guardo io". Una volta constatato empiricamente che venirne fuori sarebbe possibile solo disponendo di un libro sui proverbi, bisogna comunque fare i conti col fatto che pubblicare costituisce di per sé un ottimo metodo per scremare, se così vogliamo dire, la propria cerchia di amici. Di solito non accade subito, ovvero con la pubblicazione del primo libro in veste di Brillante Promessa, ma all'uscita del secondo, e il contestuale raggiungimento dello status di Solito Stronzo. Gli amici, infatti, devono avere il tempo di leggere il primo o almeno di trovare qualcuno che glielo racconti. Riporto qui di seguito alcuni esempi ricorrenti.

a. Persone che ritenevi amiche non ti salutano più perché secondo loro le hai messe nel tuo libro.

b. Persone che ritenevi amiche non ti salutano più perché secondo loro non le hai messe nel tuo libro, il che è ancora più grave.

c. Persone che ritenevi amiche non ti salutano più perché anche loro hanno scritto un libro e non si capacitano com'è che a loro nessuno gliel'abbia ancora pubblicato mentre a te sì.

d. Persone che ritenevi amiche cominciano a parlare in tua assenza di ciò che hai scritto e non in termini esattamente lusinghieri e tu ne vieni a conoscenza perché la cosa è oggetto di una discussione in Rete.

e. Persone che ritenevi amiche fanno battute in tua assenza riguardo al fatto che ormai mangi con i soldi altrui, intendendo per soldi altrui le percentuali che ti spettano da contratto sul prezzo al pubblico del totale delle copie vendute.

f. Persone che ritenevi amiche ti riempiono di complimenti per ciò che hai scritto ma poi, quando in un raptus vai a controllare nella loro spazzatura, trovi la copia del tuo libro che avevi loro regalato con tanto di dedica.

g. Persone che ritenevi amiche cercano di nascondersi dietro a uno scaffale della libreria specializzata in libri usati in cui sei entrato per comprare a metà prezzo il tuo libro che hai appena visto mettere in vetrina: si tratta della copia che avevano ricevuto in regalo da te con tanto di dedica e l'avevano appena rivenduta.

In generale, scoprirai che sono davvero molto poche le persone che conosci che non scrivano a loro volta e che non ambiscano a pubblicare, anche se magari fino a quel momento non te l'avevano mai confessato. Inoltre, ti troverai a ricevere inviti a pranzo e a cena da parte di persone che prima non si sarebbero mai sognate di invitarti e che ora invece smaniano alla prospettiva di godere della tua compagnia. Scoprirai altresì che anche queste persone in una percentuale assai vicina al 99% dei casi scrivono, e che naturalmente proprio come te ambiscono a pubblicare. Scoprirai inoltre che il loro repentino interesse nei tuoi confronti si esaurirà non appena constateranno che tu, benché abbia pubblicato, non dirigi né una casa editrice né una collana, e non è in tuo potere far sì che anche loro pubblichino. Scoprirai infine che spesso quando si scrive e si pubblica è molto bello avere amici che non scrivono e non pubblicano e non hanno nemmeno intenzione di mettersi a scrivere e a pubblicare in futuro. Sono rari, molto rari. Per fortuna, tuttavia, esistono. Quanto all'amicizia tra scrittori, esiste anch'essa, ma è più rara di quella tra un uomo e una donna, o tra due uomini che si contendano la stessa donna, o tra due donne che si contendano lo stesso uomo. E perché duri è bene non sfiorare mai, nemmeno per scherzo, temi quali il numero delle copie rispettivamente vendute, o l'ammontare dei rispettivi anticipi.

Prima classe

Noi Soliti Stronzi mica siamo più Brillanti Promesse: viaggiamo in prima, e che cazzo.

Per un lettore solo

Il titolo di questo capitolo non si riferisce al fatto che la cosa migliore che potrai fare, continuando a scrivere dopo il libro d'esordio, è cercare di scrivere innanzitutto per te stesso, anziché per le aspettative della critica o del pubblico, cosa che si traduce non di rado nel classico "blocco dello scrittore". Si riferisce piuttosto al fatto che quando si tratterà di affrontare la promozione del secondo libro, non sarai più all'esordio in veste di Brillante Promessa e dunque sarai tentato di ragionare in questi termini: quando ho esordito non mi conosceva nessuno, ma ora qualcuno mi conosce, perciò male che vada a questo giro di presentazioni verrà a sentirmi almeno chi ha letto il mio libro precedente, e magari anche chi pur non avendolo letto ha già sentito il mio nome e per qualche motivo vuol farsi un'idea a proposito del nuovo. Ora, in effetti molto spesso succede così. E se sarai bravo e fortunato constaterai come nel corso degli anni e con l'accumularsi dei libri ti sarà possibile creare quel che si chiama "lo zoccolo duro dei lettori", ovvero un nucleo più o meno vasto di pubblico sinceramente, appassionatamente affezionato che malgrado gli inevitabili incidenti di percorso (nessuno riesce a scrivere libri capaci di soddisfare ogni volta tutti i suoi lettori) ti garantirà con la sua stima e il suo apprezzamento non solo un tot di vendite ma anche un tot di presenze nelle varie tappe della promozione.

Tuttavia ogni presentazione è una cosa a sé stante, e a meno che non tu non sia riuscito a entrare nel club esclusivo che raccoglie gli autori ammessi nell'Olimpo dei produttori di best seller a ripetizione, cosa che rende per così dire ogni incontro col pubblico a prova di bomba, dovrai prepararti a tutto. Ovvero, sia a presentazioni in luoghi assai lontani da casa e in posti improbabili e in orari temibili su cui non scommetteresti un euro e che invece si riveleranno tra le più riuscite, richiamando centinaia di persone, sia a presentazioni nella tua stessa città in posti ideali e in orari perfetti su cui giocheresti tutti i tuoi risparmi e che contrariamente a qualsiasi ragionevole aspettativa si situeranno in un punto imprecisato tra il disastro e il fallimento, richiamando a malapena i tuoi parenti più stretti, e talvolta nemmeno quelli. Le classiche occasioni in cui ogni scrittore rimpiange amaramente di non aver saputo dire di no per restarsene a casa, a scrivere, che poi in teoria sarebbe il suo vero lavoro.

Sia come sia, a me per esempio è capitato di presentare i miei libri di fronte a centinaia di persone a centinaia di chilometri di distanza da Torino. Ma una volta mi è anche capitato di presentarne uno in una libreria della mia città posizionata in un posto "di forte passaggio", trovandomi di fronte a un lettore solo. Che da parte sua, comunque, alla fine mi ha detto di aver molto apprezzato la cosa: "Non mi era mai capitato di assistere a una presentazione così. È bello sentirsi al centro dell'attenzione dell'autore, instaurare con lui un rapporto privilegiato". Ma forse me l'ha detto perché mosso da un sentimento di pietà. E non escludo che si trovasse lì per caso, visto che come ho detto la libreria godeva di un forte passaggio.

Una cosa senz'altro interessante che potrai notare durante le varie tappe del tuo tour promozionale in veste di Solito Stronzo, è che chi ti presenterà avrà immancabilmente ricavato la tua biografia da Wikipedia. E in certi casi, prima della presentazione, ti dirà: "Allora dico due parole sulla sua biografia, ma stia tranquillo, non l'ho presa da Wikipedia". Solo che poi userà perfino gli stessi giri di frase della biografia di Wikipedia.

Infine, avrai a che fare con quelli che recandosi alla presentazione del tuo libro si sono messi in testa di farti una domanda un po' provocatoria. Infatti quando poi scatta il momento delle domande del pubblico e prendono la parola, esordiscono dicendo: "Buonasera, se mi permette vorrei fare una domanda un po' provocatoria". La domanda un po' provocatoria naturalmente varia a seconda di chi sei e di quello che hai scritto. A me per esempio, da una decina d'anni a questa parte, ovvero da quando ho tradotto *American Psycho* di Bret Easton Ellis, fanno sempre la stessa domanda un po' provocatoria.

"Buonasera, se mi permette vorrei farle una domanda un po' provocatoria".

"Prego".

"Ecco, volevo chiederle, un po' provocatoriamente, fino a che punto tradurre Bret Easton Ellis ha influenzato la sua scrittura?"

È anche per questo che, dopo dieci anni di domande provocatorie, ho deciso di postare sul mio blog quanto segue.

"Ora, non pensavo di affrontare l'argomento, ma tant'è: da quando ho tradotto BEE continuo a sentirmi dire o a leggere in Rete roba tipo 'questo romanzo segue il solito copione eastonellisiano' (a proposito di *Venere in metrò*) oppure 'una specie di *American Psycho* torinese' (a proposito di *Brucia la città*). Bene, a questo punto vorrei precisare un paio di cose, o anche più, a beneficio dei miei eventuali esegeti futuri.

Primo: le marche, o se preferite le *griffes*, o se volete i *brand*. C'è chi dice che compaiono in *Brucia la città* e in *Venere in metrò* perché ho tradotto Ellis. Beh, se è per questo comparivano già in *Tutti giù per terra* e in *Paso doble*, e non avevo ancora tradotto Ellis. Il fatto è che dagli anni Ottanta in poi abbiamo cominciato a chiamare certi prodotti usando le rispettive marche: il walkman era il Sony, le scarpe sportive erano le Adidas, i jeans erano i Levi's, e via di questo passo. A un certo punto, ne sono abbastanza certo, anche da noi si è cominciato a sfoggiare una certa borsetta o un certo computer portatile, e a chiamarli 'la mia Chanel' o 'il mio Mac'. Infatti poi Naomi Klein ha scritto *No Logo*. Se nel romanzo *Il paese delle meraviglie* compaiono meno marchi, è solo perché si tratta di un libro ambientato nel Settantasette. Dimenticavo: pare che a certi no global arrestati dopo manifestazioni anti-G8 le forze dell'ordine siano risaliti anche grazie a marchi che indossavano, benché avessero il libro della Klein nello zaino (Eastpack).

Secondo: la cocaina e le droghe in generale, presenti in tutti i romanzi di Ellis da *Meno di zero* in poi, e in effetti anche nei miei, da *Tutti giù per terra* in avanti. Beh, credete seriamente che si possa scrivere in modo onesto un romanzo ambientato nell'Italia di oggi senza che dei personaggi tra i venti e i quarant'anni facciano uso o perlomeno incrocino anche solo per caso chi fa uso di tali sostanze? Il giorno che scriverò una storia ambientata nel Seicento in Baviera oppure contemporanea ma con un protagonista che nella vita fa il monaco benedettino, allora prometto che non citerò né ketamina né bamba.

Terzo: le celebrità. Già. Ellis le ha messe in *American Psycho* e *Glamorama*, pare che negli Usa facciano parte dell'immaginario collettivo. Qui da noi invece zero, eh? Nessuno che vada a cliccare sulle *gallery* dei quotidiani più autorevoli per vedere dove ha fatto shopping la Hunziker o che vestito indossava la Canalis, non un cane che vada d'estate a fotografare gli yacht all'ancora nella speranza di intercettare qualche cosiddetto vip. Mi sono inventato tutto, anzi: ho copiato tutto da Ellis, perché l'Italia è un paese serio, e non gliene importa a nessuno di frivolezze simili.

Quarto: il serial killer. Almeno per ora, non ho ancora scritto di un serial killer.

Quinto: da quando vengo accusato di copiare Ellis, ho cominciato a fare una cosa che fa Ellis. Certi personaggi magari minori tornano da un romanzo all'altro. Trovo sia un modo divertente di ribattere in modo ironico e se volete anche autoironico a tutti quelli che sostengono la tesi che ha dato origine a questo post. Tra parentesi, anche quando mi cito nei romanzi nei panni dello scrittore Giuseppe Culicchia il mio intento è autoironico. Poi lo so che chi si prende sul serio viene anche preso più sul serio, ma che volete, ho fatto il commesso in libreria per dieci anni e per così dire ho visto le cose da un'altra angolazione.

Per concludere, aggiungo solo che da vent'anni a questa parte sto cercando di scrivere una sorta di ritratto antropologico del mio paese. Per farlo uso la forma del romanzo e lavoro molto sul linguaggio. E di sicuro sto fallendo. Ho sempre tentato. Ho sempre fallito. Ho intenzione di provarci ancora. Fallire ancora. Fallire meglio. (Questa non l'ho copiata da Ellis, ma da Beckett. E dire che non l'ho mai tradotto.) Cos'altro? Ah, già. Rock'n'roll".

Risultato? Ho scoperto che il mio blog non lo legge nessuno, perché nelle presentazioni successive alla pubblicazione di questo post la domanda un po' provocatoria ha continuato a essere sempre la stessa.

Sa che scrivo anch'io?
O "Dei manoscritti"

Tempo fa ho avuto la fortuna di intervistare per il quotidiano *La Stampa* uno dei miei scrittori preferiti, l'inglese Ian McEwan. E per prepararmi a dovere ho pensato che oltre a leggermi il suo libro più recente e rileggermi o almeno sfogliare alcune delle sue opere passate avrei fatto bene a dare un'occhiata in Rete risalendo a qualche intervista data dall'autore di *Solar* ai giornali britannici: uno spera sempre di non fare le solite domande che fanno tutti, anche se poi finisce inevitabilmente per farle. Così, sul sito del *Daily Telegraph*, mi sono imbattuto in queste righe: "McEwan torna nella stanza con un'espressione divertita stampata sul volto. 'Un tipo appartenente a quella strana specie di eterni bambini che consegnano pacchi in giro per Londra in bicicletta', dice, 'ha chiesto: Sei Ian McKellen lo scrittore?'. Il sorriso sconcertato indica quanto non sia raro l'errore sebbene, forse, non quando il suo nome sia stampato sull'involucro. 'E poi ha detto di essere uno scrittore anche lui e se mi sarebbe spiaciuto dare un'occhiata alla sua roba'. McEwan emette un gran sospiro".

Come esempio non c'è male, ma io credo di aver superato McEwan, almeno in questo. Nell'ottobre del 2010 ho subìto la frattura di una rotula. Al pronto soccorso del Mauriziano, storico ospedale torinese, dov'ero arrivato in taxi perché non essendo in punto di morte mi sembrava di esagerare se avessi chiamato un'ambulanza sottraendola a cose più serie, mi hanno ingessato dalla caviglia all'inguine. Dopodiché l'ambulanza l'ho dovuta chiamare per forza, anche perché abitando al quarto piano senza ascensore avevo la necessità di farmi trasportare fino al divano del soggiorno. I volontari dell'ambulanza mi hanno prelevato, poi mi hanno sistemato sulla lettiga legandomi alla medesima. Quindi mi hanno caricato a bordo. Uno si è messo al volante. L'altro è salito dietro, con me. Dato che dovevo pagare il trasporto, mi ha chiesto i dati personali per compilare la fattura. E quando ha sentito il mio nome...

"Culicchia?"

"Sì".

"Quello che scrive?"

"Già".

"Non mi dica che è lei".

"Glielo dico".

"Ah, ecco, mi sembrava di averla già vista da qualche parte".

Ho notato che gli sembrava di avermi già visto, non di avermi già letto. Succede. Per un po' il volontario è rimasto in silenzio. E io con lui: provavo molto dolore al ginocchio.

"Ma lei scrive libri, vero?"

"Proprio così".

Per un attimo ho pensato che si fosse ricordato di essere stato costretto a leggere *Tutti giù per terra* ai tempi delle superiori. Invece mi ha detto:

"Anch'io scrivo, sa?"

"Davvero?"

"Sì, però inizio una roba e non finisco mai. Ma ho un mucchio di idee".

Ho preferito tacere, temendo i possibili sviluppi della conversazione. Il volontario per un po' è stato in silenzio. Poi, proprio mentre l'ambulanza prendeva una buca e io sentivo una fitta al ginocchio, mi ha detto: "Magari potrei raccontarle le idee che ho, così poi le scriviamo assieme".

Quel giorno secondo l'oroscopo della settimana era il mio giorno fortunato. Giuro.

Ebbene: anche a te capiteranno cose del genere, una volta ottenuto lo status di Solito Stronzo. E troverai persone che ti vogliono far leggere qualcosa dappertutto: non solo alle presentazioni dei tuoi libri o ai festival di letteratura, ma anche in posta, oppure in banca, o dal dentista. E non ti sarà facile spiegare che sì, è vero, tu ci sei riuscito a scrivere e pubblicare, ma questo non vuol dire che tu sia anche in grado di leggere le cose altrui e dare consigli sensati e tantomeno di imporre al tuo editore la pubblicazione delle medesime. Da parte mia, ho esordito con i primi racconti a venticinque anni grazie a Pier Vittorio Tondelli. Ma Pier Vittorio Tondelli, persona rara, oltre alle qualità di scrittore possedeva le capacità di lettore. Non credo sia un caso se non pochi tra i ragazzi che si videro pubblicare qualcosa in una delle sue tre antologie Under 25 hanno poi continuato a scrivere: da Gabriele Romagnoli a Silvia Ballestra, da Guido Conti ad Andrea Canobbio. Tondelli aveva l'occhio del lettore professionista, anche se in realtà come spiega in una delle introduzioni a quei volumi non era sua intenzione scoprire nuovi scrittori. Io per esempio quest'occhio non ce l'ho: tra tutti i "manoscritti" che ho suggerito di pubblicare solo uno è uscito, e non è andato neanche molto bene. Tu comunque metti in conto che una volta diventato Solito Stronzo, oltre ai volumi illustrati di grande formato di storia locale ti ritroverai tra le mani anche molti inediti.

Domande:
premetto che il libro non l'ho letto

"Bene, ora direi di passare la parola al pubblico per le domande".

Quando anche tu come me sarai diventato membro in servizio permanente effettivo del club dei Soliti Stronzi, e ti troverai a centinaia di chilometri da casa di fronte a una platea di sconosciuti che si aspettano da te qualcosa di brillante, o almeno di intelligente, o al limite di divertente, imparerai a temere questa frase più di ogni altra. È la frase che arriva come una mannaia alla fine di ogni presentazione, tranne quelle organizzate dal mio amico Pietrangelo Buttafuoco, che a Catania ha imposto un suo modello di presentazione speciale, il modello "qui non si fanno domande". Peccato che non me l'avesse detto prima della presentazione del mio libro *Sicilia, o cara* nella città etnea, perché quando ho sentito che il mio presentatore, il giornalista Michele Nania, si avviava a chiudere senza pronunciare la frase di cui sopra, ho pensato che se ne fosse dimenticato e l'ho pronunciata io. Col risultato che poi una signora ha alzato una mano e ha esordito con "Premetto che il libro non l'ho letto", per poi parlare un quarto d'ora senza fare alcuna domanda ma invitandomi ad andare con lei a vedere il mare in un tratto fuori mano del porto di Catania. Ecco: mare a parte, dovunque andrai e qualsiasi libro presenterai, scoprirai che oltre a quello che è venuto fin lì per farti "una domanda un po' provocatoria", c'è anche sempre qualcuno che alza la mano e che esordisce con "Premetto che il libro non l'ho letto". E scoprirai altresì come a tale premessa segua sempre una domanda non-domanda della lunghezza media di dieci o anche quindici minuti. E scoprirai anche che ascoltandola cercherai disperatamente di escogitare un modo per venirne fuori. E scoprirai pure che tra il pubblico ci sarà sempre qualcuno che ti guarderà con sincera solidarietà. Bene. Se posso darti un consiglio, stai attento soprattutto a quel qualcuno. Perché quando la domanda non-domanda si esaurirà, quel qualcuno alzerà la mano a sua volta, e ti dirà:

"Io invece il libro l'ho letto".

La cosa lì per lì ti rincuorerà, ma non farai in tempo a rallegrarti della cosa, perché quel qualcuno continuerà:

"Però devo essere sincero: non mi è piaciuto".

A quel punto il sorriso che ti era spuntato sulle labbra si spegnerà. E a seconda di ciò che avrai scritto, ti sentirai dire alternativamente:

a. "E le spiego perché: a me sembra che scrivendo un libro totalmente diverso da quello che aveva scritto in occasione del felice esordio, lei abbia finito per tradire se stesso, gabbando i suoi lettori".

b. "E le spiego perché. A me pare che scrivendo lo stesso libro che aveva scritto in occasione del felice esordio, lei abbia finito per fare il verso a se stesso, gabbando i suoi lettori".

Poi c'è sempre anche quello che in realtà non vuole farti alcuna domanda, ma solo sfoggiare davanti ai presenti la sua erudizione. E continua ad esserci anche quello che quando prende la parola, il tuo presentatore ti dà di gomito e ti dice sottovoce: "Questo non ci fare caso, è un pazzo". Quando sono andato in tre occasioni diverse ma sempre in veste di Solito Stronzo in una libreria nei dintorni di Torino gestita da due coraggiose e simpatiche libraie per presentare tre miei libri, la prima volta ho litigato con un tipo che sosteneva che *Brucia la città* fosse un libro ipocrita. La seconda volta, presentavo *Sicilia, o cara*, mi è capitato un altro tipo che mi ha fatto tutto un discorso sui siciliani emigrati di cui non ricordo il senso ma che aveva un che di minaccioso. La terza volta, per *Ameni inganni*, le due simpatiche libraie hanno optato per il metodo Buttafuoco.

Detto questo, alle presentazioni ti troverai a rispondere anche a domande del tutto sensate e legittime. In molti casi te le avranno già poste altrove, perché il libro che avrai scritto e che starai presentando sarà lo stesso in luoghi diversi. Ricorda però che chi ti farà quelle domande te le farà per la prima volta. E quando avrai imparato a rispondere come se fosse la prima volta che te le senti fare, potrai ritenerti soddisfatto di te, almeno per quanto riguarda questo aspetto della questione.

Professoresse poetesse

Una cosa che fa sempre molto piacere e allo stesso tempo imbarazza un po', è parlare dei propri libri nelle scuole. Succede spesso, specie se si è scritto un libro che abbia come protagonisti degli adolescenti. Dato che gli insegnanti sono mediamente disperati e non sanno più cosa inventarsi per far leggere quattro pagine in croce ai loro studenti, sperano che invitarli a scoprire un "giovane scrittore" che "parla di voi giovani" possa essere una soluzione. Non oso pensare a quante scuole abbiano girato nel corso degli ultimi lustri prima Enrico Brizzi e poi Federico Moccia, e dopo di loro Paolo Giordano e Alessandro D'Avenia.

Comunque: alcuni anni fa, partecipando all'iniziativa Adotta uno Scrittore promossa tra le scuole della regione Piemonte da parte del Salone del Libro, ebbi la possibilità di incontrare quattro volte nel corso dell'anno scolastico una classe di un noto liceo torinese. In veste di "scrittore adottato", ero lì per invitare i ragazzi alla lettura e iniziare con loro un breve percorso di scrittura. Suggerii dunque ai ragazzi e alle ragazze della classe di leggere alcuni testi, e chiesi loro di scrivere un breve racconto a partire dall'incipit di un romanzo di James G. Ballard, intitolato *Il condominio*. Dopodiché, crudele, pretesi che ciascuno di loro leggesse ad alta voce il proprio lavoro di fronte ai compagni. Tra tutti i racconti che mi capitò di ascoltare, spiccava quello di una ragazza di cui ahimè non ricordo il nome. Era davvero ben congegnato, nel senso che ascoltandolo veniva voglia di capire dove andasse a parare, e oltre a contenere dialoghi credibili (cosa che non si può dare per scontata nemmeno quando si tratta di autori anche molto celebri) mostrava una proprietà di linguaggio piuttosto sorprendente per una diciassettenne. Le feci dunque i complimenti, e alla fine dell'incontro li estesi alla sua insegnante di lettere. Che da parte sua mi confermò che la ragazza era la migliore allieva di quella classe, accennando di sfuggita che oltretutto era straniera. "Straniera? Ma se ha letto ad alta voce il suo racconto senza alcun accento", dissi, un po' stupito. "Che vuole", mi spiegò l'insegnante, "ormai è così. Sempre più spesso gli allievi migliori sono originari dell'Est europeo. Arrivano in Italia con ottime basi, al contrario dei nostri, e in più si impegnano il doppio rispetto ai loro coetanei italiani. Per loro, com'era per noi fino agli anni Sessanta o Settanta, la scuola è ancora vista come la sola possibilità di riscatto sociale. Ce la mettono tutta perché sanno che una buona preparazione sarà indispensabile per il loro futuro. Tra l'altro, volevo chiederle un parere".

"Mi dica", risposi, immaginandomi che volesse qualche consiglio in merito ad altri giovani scrittori che scrivendo di giovani potessero incontrare il favore dei giovani.

"Vede, io scrivo poesie. Lei legge poesie?"

"Veramente no".

"Non importa. Ecco, ho pensato di omaggiarle queste due sillogi pubblicate a mie spese. È stato un piccolo sacrificio, sa bene anche lei quanto siano miseri gli stipendi di noi insegnanti. Ma magari potrebbe chessò, farne una recensione. Lei scrive anche su *Tuttolibri*, no?"

Festival, eventi e dibbbattiti
da Solito Stronzo

In quanto membro in servizio permanente effettivo del club dei Soliti Stronzi, non farai più in tempo a sederti a tavola per fare pranzo che il tuo cellulare suonerà. Dato che gli scrittori passano per artisti più o meno maledetti, e dunque per persone irregolari, anche sulla scorta di quella famosa pubblicità di una nota marca di caffè in cui si vedeva uno scrittore imbottirsi della bevanda in questione per scrivere nel pieno della notte, è d'uso telefonare agli scrittori tra la mezza e l'una e un quarto del pomeriggio. A seconda della tua notorietà riceverai un numero proporzionale di inviti e dunque di telefonate. Spesso si tratterà di inviti a manifestazioni di carattere letterario. Ma non sempre. Sia come sia, ecco qui di seguito alcuni esempi rigorosamente veri di veri inviti che ho veramente ricevuto, giusto perché almeno tu possa prepararti al meglio:

"Buongiorno, volevamo cortesemente invitarla in veste di premiato alla premiazione per la Castagna d'Oro". (Poi ci sono andato.)

"Buongiorno, volevamo cortesemente invitarla in veste di presentatore alla presentazione di un libro sulla Nutella". (Poi ci sono andato.)

"Buongiorno, volevamo cortesemente invitarla in veste di relatore a un dibattito sulla Sacra Sindone". (Ho cortesemente declinato.)

"Buongiorno, volevamo cortesemente invitarla in veste di relatore a un convegno sulla letteratura piemontese dal dopoguerra a oggi". (Ero a Venezia.)

"Buongiorno, volevamo cortesemente invitarla in veste di

testimonial al nostro festival del tartufo". (Non fosse che avevo un ginocchio rotto ci sarei andato.)

"Buongiorno, volevamo cortesemente invitarla in veste di giurato alla presentazione della prima edizione del nostro concorso per giovani autori di racconti, siamo un negozio di lingerie". (Giuro che è vero. Ho cortesemente declinato.)

"Buongiorno, volevamo cortesemente invitarla in veste di scrittore che ha scritto un libro che parla di cocaina a una serata contro la cocaina organizzata da alcuni locali della movida torinese". (Ho cortesemente rifiutato perché... beh, chi ha letto il mio *Brucia la città* capirà senz'altro.)

"Buongiorno, sono il direttore generale della Rai, volevo cortesemente invitarla a Roma per chiederle di pensare per noi a un programma di libri". (Ci sono andato e ho proposto un'idea: fare un programma che fosse come un gioco, i cui vincitori si portavano a casa dei libri; pochi giorni dopo, era l'estate del 1997, è morto mio padre, e scusandomi con la Rai ho lasciato cadere la cosa.)

"Buongiorno, volevamo cortesemente invitarla in veste di calciatore alla prossima partita della Nazionale Scrittori". (Ho cortesemente fatto presente che non potevo accettare di giocare in una squadra capitanata da Alessandro Baricco.)

"Buongiorno, volevamo cortesemente invitarla in veste di candidato nelle liste del nostro partito". (Pur facendo uno sforzo notevole, ho cortesemente evitato di mandarli affanculo.)

Interviste e opinioni da Solito Stronzo

"Desidero comunque esprimere la mia solidarietà a Roberto Saviano".

"In Italia si respira un clima di censura".

"È ora che la politica in generale e il Pd in particolare affrontino la questione del ricambio generazionale".

"Chi, Scarpa? È l'unico vero intellettuale della sua generazione".

"Per carità, poi ogni tanto salta fuori una Pulsatilla".

"Chi, Genna? Ma è vero che qualcuno ha messo in giro che ha avuto una storia con Irene Pivetti?"

"Ma ti rendi conto che qua stiamo a rimpiangere la Democrazia Cristiana?"

"E poi i *Moby Dick* sono due: quello di Melville e quello di Pavese, che l'ha tradotto a modo suo. Ma era Pavese".

"Chi, Buttafuoco? Un fascistone".

"L'Einaudi ha il più bel catalogo del mondo".

"L'Einaudi? Ormai è della Mondadori".

"L'Einaudi di oggi è diversa da quella di cinquant'anni fa".

"Ma la Santacroce che si fa fotografare tutta fetish?"

"Ma i Wu Ming che non vogliono farsi né riprendere né fotografare?"

"Io comunque Proust me lo sono davvero letto tutto".

"Devo ancora conoscere uno che si sia davvero letto tutto Proust".

"Io comunque Joyce me lo sono letto dall'A alla Z".

"Devo ancora conoscere uno che si sia letto Joyce dall'A alla Z".

"In effetti devo ammettere che ero certo che dopo l'enorme

successo del primo romanzo non sarebbe più riuscito a scrivere nulla. Però lo voglio vedere tra vent'anni".

"Eh, secondo me è la nuova Lara Cardella".

"Ma Busi dalla De Filippi?"

"Hai letto l'ultimo dei Wu Ming?"

"Roberto Saviano? Ma secondo te tutti quelli che si sono comprati *Gomorra* poi l'hanno letto davvero?"

"Culicchia chi?"

"Lo leggono solo amici e parenti".

"Non so se hai visto la faccia di Scurati quando ha perso per un voto".

"Ma dai, come si fa a querelare?"

"Io avrei querelato".

"Tu che ne pensi degli eBook?"

"Secondo lei il libro cartaceo è destinato a scomparire?"

"Mi è venuta un'idea: che ne dite se organizziamo un dibattito sul futuro del libro?"

"Non ti hanno recensito? E vabbè, tanto ormai i giornali non li legge più nessuno".

"Ma no, guarda che i libri a quello glieli scrivono".

"Guarda, avrà anche venduto milioni di copie, ma sai che rottura di palle vivere sotto scorta?"

"Occhio che poi ti querela".

"Chi vincerà lo Strega del prossimo anno? Se volete ve lo dico subito".

"Ma secondo te quanto gli danno come anticipo?"

"Ammaniti tutto quello che scrive Salvatores gli fa un film. Ma ti pare possibile che Salvatores legga solo i libri di Ammaniti?"

"Credo nella democrazia perciò non leggo autori pubblicati da Mondadori".

"Quando sento la parola intellettuali porto mano alla pistola".

"Guarda che secondo me avrà venduto la metà di quello che dice, se va bene".

"Vendere vende uno sfracello, per carità, ma la rassegna stampa?"

"Avrà anche una buona rassegna stampa, per carità, però non vende un tubo".

"Mi sono veramente rotta di leggere in Rete i giudizi insultanti sui miei libri, ma non riesco a farne a meno".

"Sperava di diventare il nuovo Paolo Giordano, ah ah ah".

"Ma hai visto quant'è invecchiato?"

"E certo che la recensiscono bene, lei su quel giornale ci scrive".

"E certo che vende uno sfracello di copie, è andato da Fazio".

"Guarda, se mi chiamassero da Fazio anche io venderei uno sfracello di copie".

"Io da Fazio non ci andrei mai, è l'incarnazione della mediocrità".

"Magari mi chiamassero da Fazio".

"Fazio? Il nuovo Mike Bongiorno. Ma Eco non lo scrive perché vuol essere invitato pure lui".

"Non dirmi che anche quest'anno c'è la lectio magistralis di Eco".

"New Italian Epic? E perché non l'hanno chiamata Nuova Epica Italiana? Dici che sapeva troppo di testo scolastico?"

"Sarà che non vende una copia, però mi è davvero simpatico".

"Farebbe carte false per una collaborazione col *Corriere*, ovviamente vorrebbe una rubrica, solo che dal *Corriere* non lo chiamano".

"Ma ti rendi conto che gli hanno dato una rubrica su *Repubblica*?"

"Non ho mai visto uno con un talento così cristallino, per quanto riguarda le sue capacità di arrampicatore".

"Chi, quello? Quello è un bluff".

"Ma se mi metto così dici che sembro autorevole come Saviano?"

"Saviano? So che non lo si può dire, ma sinceramente non lo reggo più".

"Saviano Santo Subito".

"Ma tu ci sei su Twitter?"

"Ma guarda che se non sei su Twitter non sei nessuno".

"Da parte mia ritengo... uhm... chiedo scusa, non ricordo quello che volevo dire".

"Desidero in ogni caso esprimere la mia solidarietà a Roberto Saviano".

Collaborazioni da Solito Stronzo

Quando riceverai, almeno simbolicamente, la tessera di membro in servizio permanente effettivo del club a cui appartengo anch'io, ti potrà anche capitare di ricevere richieste di collaborazione da parte di giornali, festival, musei, industrie, agenzie pubblicitarie, e perfino da squadre di calcio, case editrici, servizi segreti, agenzie di scommesse. Se la cosa avverrà davvero, e se le vendite dei tuoi libri te lo consentiranno, potrai permetterti di scegliere. In caso contrario, probabilmente accetterai: vivere dei soli introiti derivanti dai libri è in Italia impresa che riesce a pochissimi autori, fermo restando che la cosa dipende anche dagli standard di vita a cui uno è abituato e dal patrimonio di famiglia su cui si può eventualmente contare grazie alla generosità dei genitori. Certo va da sé che per chi scrive ogni nuova esperienza può essere, come si dice, fonte di ispirazione. Se Ernst Jünger è andato nella Legione Straniera, perché Mauro Corona non può andare sull'*Isola dei famosi*? E però cerca sempre di essere presente a te stesso, perché non di rado il cosiddetto sputtanamento è dietro l'angolo.

Visto che proponendoti qualcosa ti chiederanno anche un incontro, una tattica semplice ma efficace, che peraltro vale anche per ciò che riguarda gli inviti di cui sopra, consiste nel fingere sempre di trovarti fuori casa e privo di agenda nonché di cellulare di ultima generazione: "Guardi, intanto la ringrazio, ma abbia pazienza: sono costretto a richiamarla perché non ho modo di controllare l'agenda. Anzi, facciamo una cosa: può per cortesia mandarmi una mail? Aspetti che le do l'indirizzo". Così avrai modo di ponderare ogni tua decisione, evitando magari di cacciarti in situazioni di cui in seguito potresti pentirti.

Sputtanamento: in tivù da Solito Stronzo

Qualche tempo fa, Mauro Corona accettò di partecipare all'*Isola dei famosi*, salvo poi ripensarci anche per via della reazione dei tanti che amano i suoi libri. Ecco un caso fortemente esplicativo della facilità con cui uno scrittore che magari ha lavorato anni per riuscire a costruirsi il famoso "zoccolo duro" dei lettori possa correre il rischio di sottovalutare le conseguenze delle proprie apparizioni televisive. Perché, anche se il *Maurizio Costanzo Show* nella sua forma classica non esiste più, le sirene e dunque le trappole della tivù rimangono innumerevoli.

Del resto quelli che di mestiere fanno la tivù sanno benissimo che il sogno di tutti gli italiani o almeno di una gran parte dei medesimi è per l'appunto apparire in tivù, a qualsiasi costo, e sanno altresì che gli scrittori sono convinti che solo apparendo in tivù riusciranno a vendere qualche copia in più, il che fa sì che in genere si dia per scontato che la partecipazione di uno scrittore a un programma televisivo debba avvenire a titolo gratuito, al contrario di quanto accade per altri artisti o presunti tali.

Molti anni fa venni invitato a collaborare in veste di scrittore ospite a un programma di RaiDue. Quando incontrai gli autori, che a Torino negli spazi della Cavallerizza avevano messo su uno studio e stavano scrivendo il cosiddetto "numero zero", ovvero la puntata pilota da sottoporre ai responsabili della rete, pensai di mettere le mani avanti spiegando loro che avrei voluto evitare di interpretare sul piccolo schermo la parte del Giovane Scrittore: all'epoca avevo poco più di trent'anni, e malgrado vivessi in un paese dove l'adolescenza si era già prolungata fino ai quaranta, ritenevo che i giovani fossero un'altra cosa, a parte il fatto che ancora mi illudevo di poter sfuggire all'etichetta omonima. "Sì, certo, capiamo benissimo", mi rassicurarono gli autori, "questa storia dei giovani scrittori ha stufato anche noi, immaginiamo te. Vedrai che il tuo ruolo all'interno del programma sarà tutta un'altra cosa". Ci aggiornammo al pomeriggio successivo. E quando li rividi, mi accolsero con grandi sorrisi: "Guarda, abbiamo avuto un'idea che siamo sicuri ti piacerà". Chiamarono un'assistente: "È arrivato Giuseppe Culicchia. Puoi portarci quelle cose che sei andata a comprare stamattina?". Un istante dopo l'assistente si materializzò: aveva portato agli autori una parrucca grigia, una barba grigia, dei baffi grigi e un paio di finti occhiali da vista. "Oh, bene", mi disse uno degli autori, "eccoci qua. Dunque, l'idea è questa: anziché fare il giovane scrittore, farai il vecchio scrittore". Intervenne l'altro autore: "Sai, una specie di grillo parlante, che interviene per dire la sua su quello che dicono gli ospiti". Scappai.

Venerato Maestro

La prefazione, o anche solo

Non so se tu ci arriverai mai. Te lo auguro. Arrivare al titolo di Venerato Maestro è un po' come arrivare alla pensione. Dopo una vita passata a scrivere e a telefonare all'ufficio stampa e a fare presentazioni in giro per l'Italia ed eventualmente per l'Europa o addirittura per il mondo e a incazzarti per le stroncature e a rispondere a domande un po' provocatorie e ad accumulare volumi di grande formato riccamente illustrati di storia locale e a conservare ricevute del taxi e biglietti ferroviari per farteli rimborsare e a saltare di fatto la cena per rispondere ad altre domande magari meno provocatorie e a controllare le classifiche e a discutere di anticipi e a constatare come nessuno si ricordi più che anche tu eri una Brillante Promessa perché dopo di te ne sono seguite di nuove ogni anno, anno dopo anno, il titolo di Venerato Maestro ti libera inoltre dalla qualifica di Solito Stronzo, e non è poco. Però, quando un giorno scoprirai di essere finalmente riconosciuto come tale, ripenserai a quella scena di *Aprile* in cui a Nanni Moretti viene mostrato un metro: "Ogni centimetro è un anno, guarda un po' quanto ti resta da vivere", si sente dire più o meno il regista romano. E insomma.

Comunque: come hai avuto modo di scoprire fin dal primo libro pubblicato, chi pubblica finisce sempre per incontrare qualcuno che non ha ancora pubblicato e che però sta per pubblicare, e che gli chiede la cortesia di scrivergli una prefazione, o una postfazione, o anche solo una frase per la fascetta di copertina. Va da sé che le richieste di prefazioni o di postfazioni o anche solo di frasi per la fascetta di copertina aumentano con l'aumentare delle vendite e con il passaggio da Brillante Promessa a Solito Stronzo e poi da Solito Stronzo a Venerato Maestro. Per dire: quando Jonathan Franzen non se lo filava nessuno, e raccontava sul *New Yorker* quanto fosse difficile per lui mantenersi con la scrittura, era raro imbattersi in una sua prefazione o in una sua postfazione o in una sua frase per la fascetta di copertina. Ma da quando Jonathan Franzen è diventato il Jonathan Franzen di *Le correzioni*, di colpo le librerie anche italiane sono state invase da volumi di altri autori americani con tanto di prefazione o postfazione o di frase per la fascetta di copertina firmata da Jonathan Franzen. C'è da chiedersi anzi dove Jonathan Franzen trovi il tempo per scrivere i suoi romanzi.

Ora, ovviamente è legittimo trovare una scusa o anche avere una ragione più che valida per opporre un cortese ma fermo diniego a chi ti sta chiedendo una prefazione o una postfazione o anche solo una frase per la fascetta di copertina. Magari perché hai letto il libro e proprio non riesci a fartelo piacere, oppure perché una persona a te cara si è ammalata e fai già i salti mortali per star dietro all'ordinaria amministrazione, o ancora perché devi assolutamente consegnare un lavoro entro una certa scadenza e non puoi davvero permetterti di fare altro. Tuttavia, è sempre bene non sottovalutare le possibili implicazioni future di un pur legittimo e magari motivato rifiuto.

Un giorno o l'altro, infatti, anni e anni dopo il rifiuto medesimo, ti potrà succedere di leggere una stroncatura a dir poco feroce e ai tuoi occhi del tutto immotivata del tuo nuovo romanzo. Salvo poi scoprire che l'autore della stessa altri non è che colui al quale non avevi scritto né la prefazione né la postfazione e nemmeno anche solo la frase per la fascetta di copertina. Va detto, per completezza, che d'altronde nemmeno scrivere la prefazione o la postfazione o anche solo la frase per la fascetta di copertina può di per sé bastare a tutelarsi: per quanto la prefazione o la postfazione o anche solo la frase per la fascetta di copertina siano elogiative, talvolta al punto da risultare imbarazzanti e da rientrare senza ombra di dubbio nel genere "marchette", non lo saranno mai abbastanza per l'ego di chi ve le ha chieste. Nessun ego difatti eguaglia per megalomania quello di chi pratica i mestieri cosiddetti intellettuali. Quindi prima o poi la stroncatura di cui sopra te la beccherai lo stesso. E può darsi che Jonathan Franzen abbia solo pensato che fosse meglio tutelarsi per il futuro.

Istituti Italiani di Cultura

A questo punto della tua carriera o carrierina o carrierona, specie se sarai stato tradotto all'estero avrai avuto modo di essere invitato da un Istituto Italiano di Cultura, o da più Istituti Italiani di Cultura. In realtà non sarà necessario aspettare di entrare a far parte del club dei Venerati Maestri: in veste di Brillante Promessa e di Solito Stronzo ti sarà già capitato, e avrai scoperto, quanto sia bello viaggiare gratis, peccato solo che poi gli stranieri ti facciano sempre almeno una domanda sul bunga bunga. Comunque. Quando varcherai la soglia di un Istituto Italiano di Cultura all'estero, felice di trovarti lì e ancora lusingato per il fatto che quell'invito costituisce la certificazione dell'importanza del tuo nome e della tua opera sulla scena non solo italiana ma perfino europea e nei casi più fortunati addirittura mondiale, scorrerai il programma delle iniziative dell'Istituto Italiano di Cultura di turno. E immancabilmente ti capiterà di scoprire che giusto il mese prima, oppure quello dopo, il medesimo Istituto Italiano di Cultura ha ospitato o ospiterà un altro scrittore italiano, ma non uno a caso, proprio quello che tu detesti e disprezzi di più, per una lunga serie di ragioni eminentemente letterarie che qui sarebbe inopportuno dilungarci a illustrare, ma anche e innanzitutto perché rispetto a te è molto più giovane e come se non bastasse vende di più.

E allora, in quel preciso momento, una piccola crepa si insinuerà nei pensieri testé formulati in merito al fatto che quell'invito costituisce la certificazione eccetera. E quando ti renderai conto che la giovane stagista dell'Istituto Italiano di Cultura ti guarda come si guarda a un Venerato Maestro, e però anche come si guarda un vecchio, e subodorerai che a te non la darà mai, ma la darà invece a quell'altro scrittore italiano molto più giovane e che per giunta vende di più, allora ti dirai che anche stavolta avresti fatto meglio a restartene a casa. A scrivere.

Telefonata all'ufficio stampa 3

"Pronto, buongiorno, scusi, sono Giuseppe Culicchia".

"Chi?"

"Glielo ripeto, G-i-u-s-e-p-p-e C-u-l-i-c-c-h-i-a".

"Come dice?"

"Aspetti, glielo sillabo, Como Udine Livorno Imola Como Como Hotel Imola Asti, Culicchia".

"Culicchia?"

"Sì, sono un vecchio autore della casa editrice, mi passa l'ufficio stampa per cortesia?"

"La metto un momento in attesa".

Me ne sto un momento in attesa. Sento *Yellow Submarine*.

"Sì pronto".

"Pronto, buongiorno, sono Giuseppe Culicchia".

"Chi?"

"Glielo ripeto, G-i-u-s-e-p-p-e C-u-l-i-c-c-h-i-a".

"Come dice?"

"Aspetti, glielo sillabo, Como Udine Livorno Imola Como Como Hotel Imola Asti, Culicchia".

"Ah, sì, scusi, Culicchia, abbia pazienza ma sono una precaria che sostituisce la precaria che ha sostituito finora la precaria che sostituiva prima la collega in maternità. Buongiorno, desidera?"

"Fazio, *Che tempo che fa*".

"Aspetti che le passo la capo-ufficio stampa".

Aspetto. In sottofondo sento:

"C'è Culicchia".

"Oh, cazzo. E che vuole?"

"Fazio".

"Lo sapevo".

"Eh".

"Me lo passi, va'".

Sento un click. Sento i *Carmina Burana*. Vengo passato alla capo-ufficio stampa.

"Buongiorno, Culicchia. Sono la capo-ufficio stampa. Che cosa posso fare per lei?"

"Buongiorno. Fazio a *Che tempo che fa*".

"Fazio... beh, sa, ultimamente è diventata una cosa impossibile, in pratica invita solo i Nobel".

"Ehm..." mi schiarisco la voce. "Anche se ormai sono un Venerato Maestro, escludo di poter ancora concorrere per il Nobel".

"Ma che dice? Guardi che prima o poi glielo danno. Solo che finché non glielo danno, mi sa che per Fazio è dura".

"Allora la Bignardi".

"La Bignardi è molto... uhm... umorale..."

"Victoria Cabello".

"La Cabello ormai vive a New York e lavora per la HBO, sa com'è, è madrelingua, parla un inglese perfetto".

"*Vanity Fair*".

"*Vanity Fair* dice? Può essere un'idea. Oggi li sento e al più presto le faccio sapere".

Ma in realtà la capo-ufficio stampa conta sul fatto che in quanto Venerato Maestro tu ti sia un po' rincoglionito, e poi sa benissimo che il tempo non lavora per te.

Mercedes con autista

Quando diventerai Venerato Maestro scoprirai di poter chiedere all'editore di non viaggiare né in seconda né in prima classe ma su una Mercedes con autista. Però verrà fuori che l'autista vorrà chiacchierare con te, anche perché in quanto autista di storie da raccontare ne avrebbe un mucchio, anzi potrebbe scriverci un libro. "Magari potremmo scriverlo assieme, che ne dice?" La soluzione migliore me l'ha data il solito Bret Easton Ellis: lui di norma all'autista dice che ultimamente ha fatto un mucchio di incontri in pubblico e che di conseguenza non ha quasi più voce, perciò deve risparmiarla per l'incontro a cui l'autista deve accompagnarlo. Dopodiché si infila le cuffiette dell'iPod e gioca ad Angry Birds sull'iPad.

Festival, eventi
e dibbbattiti da Venerato Maestro

"Beh, dovete capire che all'epoca, quando io stesso ero una Brillante Promessa, la società letteraria italiana era tutta un'altra cosa".

Oggi come oggi lo dice Alberto Arbasino, riferendosi al fatto che a Roma negli anni Sessanta ci si poteva regolarmente imbattere in Pasolini, Calvino, Gadda eccetera.

Che cosa potrai dire tu, francamente non so. Ma qualsiasi cosa dirai, verrà fuori che in quanto Venerato Maestro andrà bene tutto. Sarà come vivere in un continuo, eterno *Fabio Fazio Show*. Tutti ti renderanno omaggio, tutti ti sorrideranno compiacenti, tutti ti applaudiranno sempre. E dire che fino all'altro ieri eri il Solito Stronzo.

Sei sicuro di volerlo davvero?

Interviste e opinioni da Venerato Maestro

"Come dice, scusi?"

L'estrema unzione:
in tivù da Venerato Maestro

"E sono veramente emozionato, anche questa volta vi giuro non lo dico per piaggeria, di avere l'onore di presentarvi un Venerato Maestro che questa sera ci onora eccezionalmente con la Sua onorata presenza. Signore e signori, è con infinita gratitudine che vi ungo il massimo scrittore vivente di questa settimana..."

Lectio magistralis

Preparati per tempo. Perché forse, beninteso solo dopo la morte di Umberto Eco, prima o poi ti chiameranno dal Salone del Libro di Torino per chiederti una lectio magistralis.

"Cara, scusa, ma tu per caso te lo ricordi dov'è che ho messo la mia tesi di laurea? Sai quella sul futuro del libro cartaceo al tempo dell'eBook?"

La morte del Venerato Maestro
come ristampa

Ricordo che il 26 settembre 1990, giorno in cui a Roma morì Alberto Moravia, lavoravo come commesso in una libreria. Come ho raccontato all'inizio di questo libro, da parte mia sognavo già di fare lo scrittore: scrivevo da anni, e di lì a poco sarebbero usciti i miei primi racconti nell'ultima antologia Under 25 curata da Pier Vittorio Tondelli. Ed era quella la prima volta che mi capitava di vivere la morte di uno scrittore lavorando in una libreria. Ora, so che ti sembrerà poco elegante. Ma non hai idea delle energie che si mettono in moto nell'editoria alla morte di uno scrittore, specie se lo scrittore in questione è celebre com'era Alberto Moravia. Subito ci telefonò l'agente della casa editrice che pubblicava i libri di Alberto Moravia, per accertarsi che facessimo immediatamente una vetrina interamente dedicata ad Alberto Moravia. E ci passò il suo capo-area, che aveva appena sentito il direttore commerciale, che a sua volta aveva appena parlato con il direttore editoriale, e venimmo a sapere che erano già partite alla volta della nostra libreria tutte le copie disponibili di tutti i libri di Alberto Moravia, anche perché la nostra libreria all'epoca apparteneva alla stessa casa editrice che pubblicava le opere di Alberto Moravia. E ci fu comunicato che comunque tutte le opere di Alberto Moravia erano già andate subito in ristampa, e che quindi oltre a quelle disponibili in quel momento in magazzino avremmo ricevuto a stretto giro altre decine, ma che dico, centinaia, anzi migliaia di copie di libri di Alberto Moravia. Tutti erano molto dispiaciuti per la morte di Alberto Moravia. Ma dato che Alberto Moravia era morto alla fine di settembre, c'era anche, inespressa ma palpabile, la sensazione che grazie alla morte di Alberto Moravia sia noi come libreria sia l'agente come agente sia il capo-area come capo-area sia il direttore commerciale come direttore commerciale sia il direttore editoriale come direttore editoriale avremmo fatto il budget. Intascando il relativo premio.

Ecco, per ovvi motivi, non ho mai avuto l'occasione di ringraziare Alberto Moravia per il premio sul budget del 1990, e vorrei approfittare dell'occasione per ringraziarlo ora. Anche a nome di quegli altri.

Post mortem: inediti ed eredi

Da fanatico lettore di Ernest Hemingway, rammento l'emozione con cui nel 1987 appresi da un settimanale che gli eredi dello scrittore americano avevano annunciato la pubblicazione di *The Garden of Eden*, romanzo da loro ritrovato tra le carte lasciate dall'autore di libri per me fondamentali come *Fiesta* e *I quarantanove racconti*. E rammento anche la trepidazione con cui pochi mesi dopo varcai la soglia di una libreria per acquistare la mia copia di *Il giardino dell'Eden*, traduzione italiana del romanzo: anche perché all'epoca non esisteva Amazon e non conoscevo nessuno che potesse farmi la cortesia di andare negli Stati Uniti a comprarmi l'originale. E rammento altresì la delusione che provai come lettore, benché fanatico, di fronte a quelle pagine che palesemente Ernest Hemingway non aveva ritenuto di pubblicare per il semplice fatto che non rispondevano ai suoi standard abituali, oltre che per il semplice motivo che era morto prima di ultimare il romanzo.

Non credo che ci sia altro da aggiungere. Se quando sarai ormai diventato un Venerato Maestro avrai figli o nipoti, sappiti regolare.

Per concludere

Sono un (ex) ragazzo fortunato: da vent'anni a questa parte ho fatto della mia passione per la scrittura il mio mestiere. E devo ringraziare anche te e tanti altri come te. Se non fosse per voi, scriverei solo per me stesso. Però continuerei a scrivere. Scrivere mi fa star bene. Scrivere è l'unico modo che conosco per non fare brutti pensieri. Scrivere mi piace moltissimo anche se a fine giornata ho la testa che fuma, gli occhi iniettati di sangue e la schiena a pezzi. Non potrei mai smettere di scrivere. Ogni volta che scrivo un libro sono così preso dallo scrivere che ogni interruzione diventa una seccatura: perfino cose che in realtà seccature non sono.

Scrivere mi ha fatto conoscere un mucchio di persone che stimo moltissimo e che altrimenti non avrei mai conosciuto. La prima è stata Pier Vittorio Tondelli. E poi Alessandro De Alessandri, Gianandrea Piccioli, Paola Casartelli, un tempo "garzantiani", oggi tutti e tre in altre faccende affaccendati, e tante altre ancora in piena attività, tra cui editori, editor, correttori di bozze, addetti ai vari uffici stampa o eventi, agenti, librai, bibliotecari, e perfino alcuni colleghi e critici e giornalisti e fotografi. Troppi, per citarli qui. Ma loro sanno di esserci.

Non so se tu hai scelto di leggere questo libro perché davvero scrivi e vorresti diventare uno scrittore. Ma se è questo il caso, allora spero che ti verrà almeno un po' utile. Un'ultima cosa: avendo lavorato in libreria, non mi sono mai permesso di entrare in una libreria per lamentarmi con un'aria a metà tra l'arrogante e il seccato del fatto che il mio nuovo libro non fosse esposto a dovere in vetrina o all'interno del negozio. E se posso permettermi ancora un consiglio, cerca di trattenerti a tua volta: fare il libraio è bello, complesso e faticoso, e gli autori che entrano in libreria con un'aria a metà tra l'arrogante e il seccato per lamentarsi del fatto che il loro nuovo libro non è esposto a dovere in vetrina o all'interno del negozio al libraio stanno comprensibilmente sul cazzo. Detto questo, spero che i librai che s'imbatteranno in queste ultime righe espongano poi a dovere, anche in segno di riconoscenza, questo mio nuovo libro, sia in vetrina sia all'interno del negozio. Grazie.

E così vorresti fare lo scrittore? di Charles Bukowski

se non ti esplode dentro
a dispetto di tutto,
non farlo.
a meno che non ti venga dritto
dal cuore e dalla mente e dalla bocca
e dalle viscere,
non farlo.

se devi startene seduto per ore
a fissare lo schermo del computer
o curvo sulla macchina da scrivere
alla ricerca delle parole,
non farlo.

se lo fai solo per soldi o per fama,
non farlo.
se lo fai perché vuoi
delle donne nel letto,
non farlo.

se devi startene lì a
scrivere e riscrivere,
non farlo.
se è già una fatica il solo pensiero di farlo,
non farlo.
se stai cercando di scrivere come qualcun altro,
lascia perdere.

se devi aspettare che ti esca come un ruggito,
allora aspetta pazientemente.

se non ti esce mai come un ruggito,
fai qualcos'altro.
se prima devi leggerlo a tua moglie
o alla tua ragazza o al tuo ragazzo
o ai tuoi genitori o comunque a qualcuno,
non sei pronto.

non essere come tanti scrittori,
non essere come tutte quelle migliaia di
persone che si definiscono scrittori,
non essere monotono e noioso e
pretenzioso, non farti consumare dall'autocompiacimento.

le biblioteche del mondo
hanno sbadigliato
fino ad addormentarsi per tipi come te.
non aggiungerti a loro.
non farlo.
a meno che non ti esca
dall'anima come un razzo,
a meno che lo star fermo
non ti porti alla follia o
al suicidio o all'omicidio,
non farlo.
a meno che il sole dentro di te stia
bruciandoti le viscere,
non farlo.
quando sarà veramente il momento,
e se sei predestinato,
si farà da sé e continuerà finché tu morirai o morirà in te.

non c'è altro modo.
e non c'è mai stato.

Indice dei nomi

154